維新の墓標

昔々　北越戊辰戦争で—

渡辺れい

はじめに

平成二十八（二〇一六）年は熊本にとって災厄の年になった。地震、豪雨、阿蘇の噴火、まるでそこだけ狙ったように次から次へと災難が降ってくる。被災した住民たちはもう身も心も疲れ果てて打ちのめされるばかりだろう。熊本城の折れた姿がそれを象徴している。

そういえば、かつて新潟県にもそういう年があった。忘れもしない、平成十六（二〇〇四）年のあの雨の朝が始まりだった。

七月十三日、総雨量四百ミリを超す大雨が降り、信濃川水系の刈谷田川、五十嵐川、中之島川の堤防十一カ所が決壊した。見附、今町、中之島、栃尾、下田の各地で広範囲に平地が浸水し、大勢の被災者を出した。福島県会津地方でも同様の被害があったので新潟・福島豪雨と呼ばれている。

十月二十三日十七時五十六分、中越地区を中心にマグニチュード六・八、最大震度七の直下型地震が起きた。死者六十八人、負傷者四千八百五人、県の統計によれば被害総額は三兆円にものぼった。いまだに忘れられない方も大勢おられるだろう。

この年、十一月の末までは毎日秋晴れのそれも温かい日々がずっと続いた。今年の冬は穏やかではないかと皆が期待した矢先に雪が降った。それもいきなりのドカ雪で一回目の降雪がそのまま根雪になった。水害や地震で傷んだ家屋を容赦なく豪雪が襲ったのだ。中でも山古志地区は地震による全村避難で屋根の雪下ろしができず、雪の重みに耐えかねて倒壊する家屋が数多く出た。

私はこの年の秋に仕事の関係で長岡に移り住んだので地震も大雪も経験した。地震による家屋の被害状況を表した張り紙、傾いた家、ねじれた道路、学校の校庭に並ぶ多数のテント、削られた山、泣き崩れる老人、今も鮮明に覚えている。そこに大雪が降った。毎日毎日降り続き、千手や柳原の歩道は雪で埋まり、除雪された車道の雪は歩道との間に高い壁をつくった。住吉の住宅地の屋根の上はスコップを持った人影が日中絶えることがなかった。屋根から投げ下ろされる雪の残像が今も目に焼きついている。

水害と地震の避難所は体育館だったので、この寒さに被災者の誰もが凍えた。あの年は新潟県、特に中越地区にとってまさに災厄の年だった。それを経験したからこそ、熊本のこの立て続けの災難を他人事《ひとごと》と思えないでいる。人々はさぞ肩を落としているだろうと、でもきっと立ち上がる日が来ると、経験からそう思えるのだ。

今から百五十年前、越後には降って湧いたような災厄が訪れた。越後という国全体が、突然戦場になったのだ。遠く京や大坂で起きていたことがある日を境に身近なものになった。長州や薩摩をはじめとする西国、北陸の国々の軍隊がやって来て、見たこともない鉄砲や大砲を所かまわずぶっ放す。会津の兵がわがもの顔で略奪はする、村は焼く、田んぼは荒らす、揚げ句に戦はするで、それを誰も守ってくれない。普段聞きなれない言葉の侍がいきなり大声で命令、要求をする。逆らえばもちろん殺される。この地に住む農民や町人は皆、訳の分からないうちに戦争に巻き込まれ、命の危険にさらされたのだ。これが災厄でなくて何だというのだろう。

自然の災害なら心の持ちようで何とか立ち上がることもできようが、人による災厄はそうもいかない。朝敵として徹底的に敵視された会津とはまったく立場を異にしながら、越後の民は二百六十年もの間経験しなかった戦争という壮絶な殺し合いを目の当たりにした。

一方戦っている側も大して変わらない。鉄砲も大砲も弾といえばそれまでは丸かった。弾が飛んでくる音より火薬が炸裂《さくれつ》する音の方に脅威があった。だが新式銃の弾は椎《しい》の実形で回転しながら遠くへ飛ぶ。その際、弾の表面についた施条痕が独特の風切り音を発して、それが侍たちを震え上がらせた。今まで聞いたことがないのだから当然だろう。

戦をして村を焼く、このあたりは戦国時代さながらのやり方だが、戦い方は飛び道具の応酬で、今までにない破壊力を持った兵器が町や村の中でも使用されあたりを火の海にした。越後の村や町は新兵器の実験場になったと言ってもいい。この国の民は百五十年前にそういう経験をしたのだ。

昭和六十(一九八五)年、新潟大学(新潟市中央区旭町)の本部跡地から同盟軍戦死者と思われる四十六体の人骨が発見された。人骨は護国神社の戊辰役殉難者墓苑に改めて埋葬され、新潟大学医学部によって慰霊碑が建てられた。

新潟県の各所を歩くと会津や桑名や米沢、水戸など他国からやって来た兵士の墓があちこちに点在している。先の人骨もそうだろう。賊徒とそれに与した逆臣の骨ということでただ埋められ記録もされず放置されたのだ。恐らくまだ見つかっていない人骨が県内のあちこちに埋まっているのだと思う。

百五十年前、この地で何があったのか『維新の墓標』はそれを追う旅の記録である。全国から大勢の兵がやって来てこの国で戦を始めた。民は家を、村を、町を焼かれ多くの兵士が傷つき亡くなった。

地面が揺れ、許容量以上の雨や雪が降り、山が火を噴く。次々に起こる災害に人は肩を落としその場にたたずむばかりだ。

北越戊辰戦争はそれとはまた次元を異にして人々に大きな災厄をもたらした。それはわが新潟県の苦難の経験であり、それゆえに大切な遺産なのである。

維新の墓標　目次

序章　なぜ越後は戦場になったのか

会津と越後―戦の遠因

越後の国境地帯は恐らく安全保障上の理由からそのほとんどの地域が天領（幕府直轄領）もしくは会津藩領だった。

魚沼の天領は享保の初めに騒乱事件が相次ぎ、それからは幕府直轄地ではあるが会津が代わって支配するという預かり地の形態をとった。この支配形態が幕末まで続く。

大政奉還で幕府が消滅すると、会津藩は越後の各藩と酒屋陣屋（新潟市江南区酒屋）で会議を開き、領地の管理について取り決めた。この会議の結果、天領の大半が会津藩の預かり地となった。県北の一部が村上藩、庄内藩、米沢藩の共同管理地になった他は魚沼から荒川に至る国境地帯のほとんどが会津藩の統治するところになったのである。

この地域は昔からの良田だったので、会津は自国の防衛拠点を確保すると同時に、巨額の戦費を賄う経済基盤として土地、人、モノ、金をまさに酷使した。このことが、北越戊辰戦争で会津を窮地に追い込む遠因にもなる。もしも小千谷や小出嶋のうち一つでも会津ではなく例えば長岡藩が統治していたとしたなら、戦争は長期化し、あるいは冬の訪れまでに決着がつかなかったかもしれない。その理由と詳細については章を改めて述べることにしたい。

新政府軍は東海道、東山道、北陸道の三方から会津へ進軍した。このうち北陸道は越後国内を通り六十里越、八十里越、会津街道を押さえて会津へ向かう手はずになっていた。越後には新潟湊《みなと》、金銀鉄、米など経済的基盤や拠点が多くあったので、新潟湊から阿賀野川、会津街道を通って運ばれる物資の補給路を断つことが主な目的だったと思われる。

こうしてみると、越後の各藩に新政府軍と戦う理由は見当たらない。そもそもこの戦は長州や薩摩が会津に抱いていた深い恨みが要因になっている。会津攻撃に協力するか否か、この選択で越後の各藩は大きく揺れ、他の征討軍には見られないほど長く厳しい戦になった。では会津と長州、薩摩の確執はいつ、どこから始まったのだろう。

崩れゆく長州——文久三年の出来事

かつて京は京都所司代による厳しい監視下にあっていわば禁断の地だった。諸大名は京に上っても洛中に宿泊することは許されず、仮に藩邸はあっても大名の私邸という程度の規模で、藩邸というよりは屋敷に近かった。

水戸藩や越前藩など親藩、譜代のいくつかは江戸の初めから京屋敷を持っていたが、それは主に二条城の傍《そば》に建てられていた。京都所司代を補佐するための拠点だったのだろう。従ってそのような役目のない外様大名には京屋敷を置く理由はなかった。

ところが、江戸中期に国学が盛んになるとやがて「勤皇」は「敬幕」を凌《しの》ぐ勢いを得る。特に西国の外様大名は御所の近くに藩邸を建て情報の拠点とした。幕末、洛中に藩邸を置いて御所に出入りすることは、禁裏の正確で最新の情報を得ることを意味したのだ。

それに対し東国の各藩は幕府の方針に従っていた。例えば会津藩は京都守護職に任じられ京に赴任したが、この間本陣はずっと黒谷（左京区黒谷）の金戒光明寺に置いていたし、その配下の新撰組も壬生寺と隣の八木家を屯所（中京区壬生）にしていた。会津は京に藩邸といえるような大規模な拠点を持っていなかったのだ。洛中、それも御所の近くに藩邸を設けていたのは専ら西国の外様大名であり、この点からも幕末の尊皇攘夷という思想は特に長州と薩摩がリードしていたことがよく分かる。

文久三（一八六三）年八月十八日、長州は突然、御所警備の任を解かれ、そういった政治的活動の場を一切奪われて京から追われた。このことは長州が攘夷という手段で築いてきた尊攘グループの代表の座から、一夜にして西国の一大名に落ちることを意味した。まさに痛恨の極みだったろう。この政変を仕組んだ藩こそ当時、京都守護職の会津藩と、宮中で長州と勢力を争っていた薩摩藩だった。

孝明天皇は側近の吹き込みもあって欧米人を禽獣《きんじゅう》のように思い込み、それだけでなく激しく嫌った。長州の攘夷は帝《みかど》の意思に従ったものだが、帝は異人嫌いというだけで他意はない。だが長州の唱える攘夷はその上に尊皇の二文字を頂く。その考えは急進的で過激、しかも行き着く先には討幕があった。これに対し同じ攘夷でも薩摩の攘夷は公武合体が根底にあり、この時点ではまだ討幕ではない。この時期の政治状況を考えれば、薩摩のそれは長州とは比べものにならないくらい現実味があった。

孝明天皇の意思とは違う勅書が相次いで出されるなか、会津と薩摩は御所から三条実美ら長州系公卿《くぎょう》を締め出し、公武合体派の公卿のみを参内させて朝議を一変させた。三条らに行く場所はなく、帰国する長州藩士たちと共に都落ちする他なかった。雨の中蓑笠《みのかさ》に身を包んで京を後にする一行の姿が絵に残されている。この道中、長州人たちはその心中に会津と薩摩への恨みを増幅させ復讐《ふくしゅう》を誓っていたに違いない。またそうでもしなければ、これから訪れるであろう苦渋の日々をとても乗り切れまいと覚悟もしていただろう。だが会津はここから本気で長州をつぶしにかかる。その追い打ちは生易しいものではなかった。

崩れゆく長州──蛤御門

会津も薩摩も長州も尊皇という点では変わらない。ただ尊皇をどう表すかの具体的な政策に違いがあった。

会津や薩摩は朝廷と幕府がこれまで以上に手を結んで政治を行おうと考える公武合体論で、一方の長州は幕府が結んだ日米修好通商条約、いわゆる安政条約に反対するという立場もあって攘夷論だった。

ただし長州の言う攘夷には裏にもう一面がある。激しく外国人の排斥を唱える一方で五人の藩士をひそかにロンドンへ留学させていた。この中には伊藤俊輔と井上聞多が含まれている。この二人、当時世間では、けっこう名の通った過激な部類の攘夷家だった。長州の攘夷はやみくもな外国人排斥運動ではなく、そこから学びやがて幕府を倒す、というしたたかな心底が見え隠れする。そこが水戸の攘夷とは違うのである。さらには公武合体論に対抗するための政策論という意味も含んでいた、要はこの藩は、早い段階で討幕を考えていたということなのだ。

会津は長州の叛意《はんい》を十分見抜いており、そのため長州を強く警戒し、もっといえば敵視していた。薩摩は最終的に討幕に傾いて会津から離れ、討幕を共通点にして長州と結ぶことになる。

この頃、時代の潮流は目まぐるしく変わる。長州が京から追われた途端、尊皇攘夷の熱は一気に冷め、より現実的な公武合体論が息を吹き返してすぐに主流となった。

それまで尊攘派を黙認してきた各藩も手のひらを返したように弾圧を始めた。土佐藩などはその代表例だろう。これにより京で活動していた尊攘派の藩士たちには帰国命令が下り、洛中には脱藩浪士と長州の残留組のみが残された。

スポンサーを失った脱藩浪士たちは時に商家を襲い金を脅し取るなどして町衆の恨みを買った。洛中の雰囲気が一変するなか、こういった略奪行為の取り締まりを名目にして徹底した浪士狩りを行ったのが会津藩お抱えの新撰組だった。浪士狩りは裁判抜きの斬り捨て御免である。要するに疑いをかけられた時点でいや応なしに斬り殺されるのだ。こういう行為の裏返しが戊辰戦争で同盟軍兵士にそっくり返されることになる。

長州が京を追われてから十カ月ほどたった元治元（一八六四）年六月、新撰組は三条小橋池田屋を襲撃した。

京に残る尊攘派活動家らは形勢の逆転を狙ってとんでもない計画をたてた。風の強い日に洛中に火を放ち、その混乱に紛れて御所を襲い、参内してくる中川宮や松平容保を暗殺し、孝明天皇をさらって長州にお連れしようというものだった。この日池田屋ではそのための話し合いをしようと二十人余りが集まっていた。この企てを拷問で聞きだした新撰組は会津藩にも報告したうえで、ほぼ単独で斬り込んだ。

桂小五郎（後の木戸孝允）の手記によれば、斬り合いはおよそ二時間にも及んだという。そこから察するに、この斬り合いはドラマなどで見る派手なものではなく、恐らくは暗闇の中、身を潜めながら相手の様子をうかがい、時折激しく斬り合うという持久戦だったのだったろう。

ちなみに桂は所用を済ませて池田屋に行ったところ既に戦いが始まっておりやむなくその場を立ち去ったという。後に「逃げの小五郎」と呼ばれるそのゆえんである。

この事件で長州は松蔭門下の吉田稔麿と杉山松助を失った。また松蔭の盟友宮部鼎蔵も自決している。話し合われていた内容は日本の将来像とは無縁の無謀な破壊工作で、斬り込んだ新撰組にしてもいわば歴史のあだ花のような存在で、後世に何か実を残したかといえば取り立てて語るものは見当たらない。この事件自体が幕末史に大きな影響を与えたとは思えないが、長州の主戦派を激高させるには十分過ぎるほどの効果をもたらした。この事件の歴史的位置付けはそこに尽きる。

この頃、長州藩の政治は国司信濃、福原越後、益田右衛門介という三人の家老が中心となっていた。彼らは若い攘夷派たちに引きずられたようにいわれているが実際はそうではない。それどころか若い藩士たち、例えば久坂玄瑞や入江九一などは「今は時期ではない」と戦にはやる主戦派をなだめている。藩主の雪冤《せつえん》を訴え京へ攻め上ることを強硬に主張していたのは来島又兵衛（四十九歳）や、七卿と共に長州へ逃れてきた久留米の神官真木和泉（五十二歳）といった年配者だった。国司ら家老はむしろ彼らに同調していた。

その国司ら三家老自らが兵を率い京へ上ったのは池田屋事件からほどない七月の初めだった。ベテランがいきり立ち若者がそれをなだめる。倍ほどの歳上の者から「臆病者」とののしられるのだ。久坂らの心中はいかばかりだったろう。

長州勢はまず山崎の天王山を本陣と定め対岸にあたる淀の男山で軍議を開いた。男山からは京の町が一望できる。秀吉、光秀の合戦以来、男山を征する者は天下を征するといわれた戦略上の重要拠点である、と思われていた場所だ。

長州は一方で軍事行動をちらつかせながらも、この上京はあくまで藩主の雪冤を願ってのこととへりくだりながら天皇に嘆願を続けた。ここでも久坂らは来島らを懸命に説得している。しかし来島と真木は主張を変えなかった。「自分たちだけでもやる。臆病者は見ておればいい」とまで言われ遂に戦争に踏み切ることを決意した。

思うに男山から見る京の町はいかにも無防備ですぐにでも占領できそうな感覚を覚える。平常ならともかく、いきり立っている者はそれが錯覚であることに気付かないのかもしれない。ちなみにこの四年後、鳥羽伏見の戦いで、今度は幕府軍がこの山を陣取り新政府軍を迎え撃とうとした。だが津（藤堂）藩の裏切りを受け大きな犠牲を出して敗戦、逃亡している。男山は危険な誘惑の場所なのかもしれない。

同じ長州の桂小五郎は彼らと行動を別にしてまったく違う計画を立てていた。この騒ぎに乗じて天皇を比叡山に移し戦の名分をなくして形勢の逆転を狙おうとしたのだ。

御所の裏手にあたる有栖川宮邸の警備を任されていた鳥取藩と結び、そこから御所に入って誘拐しようという計画だった。桂と鳥取藩の河田佐久馬との間ではその密約もなされていた。

一方公卿たちは迫り来る長州の武力におびえて「この際、長州の罪を許してやろうじゃないか」という意見を一橋慶喜や松平容保に言い出していた。慶喜も容保もこれを強くはねつけた。慶喜率いる幕府軍、容保率いる会津軍、西郷隆盛率いる薩摩軍が長州主力部隊を散々に打ち負かしたのは七月十九日のことである。

長州軍は御所に向けて進軍し、御所の門が戦場になったのでこの戦いを「禁門の変」と呼ぶ。また烏丸通り蛤《はまぐり》門が最も激戦になったので特に「蛤御門の変」とも称されている。

この戦いで来島又兵衛、入江九一は戦死、久坂玄瑞、寺島忠三郎は自害、他に多くの長州人、松蔭門下の若者が戦死または自害した。また真木和泉は天王山に戻って自害した。長州はこの戦で将来有望な若い人材をほとんど失ったと言っていいだろう。

桂の計略も長州軍が御所に向けて砲撃したことにより失敗に終わった。鳥取藩が態度を変えたのだ。桂は河田に怒鳴られ、なじられながらも、それを黙って聞いていたという。同行した小倉衛門介（馬屋原二郎）が後に語っている。この戦の無益さを誰よりもよく分かっていたのは桂だったかもしれない。

ちなみに久坂は寺島、入江らと共に御所に入って天皇に直接嘆願しようと鷹司邸にいて逃げ遅れた。桂の計略の失敗を受けてのことだろうが、この時の長州軍がその場その場で対応していたのがよく分かる。

この無謀で無益な戦は国の将来を担うはずの若者を数多く失わせ、名誉も失わせ、長州を朝敵にしてしまい長州人の居場所を防長二州に閉じ込めた。日本の各所から長州人の姿が消えたのである。

長州はこの戦を指導した慶喜と会津、そして主力部隊の一つとなった薩摩をより激しく恨んだ。ただ一藩、勅書に従って攘夷を決行し、勤皇討幕の理想を掲げ訴える自分たちのどこが悪いのか、今や朝敵、賊軍とさげすまれるその理不尽さに込み上げる怒りが抑えられなかったことだろう。慶喜、容保、西郷、この三人は憎んでも憎み足らない存在となったに違いない。

だが幕府はさらに追い撃ちをかけて長州を追いつめてゆく。長州征伐である。

崩れゆく長州—長州征伐

禁門の変で長州軍は御所に発砲した。これを理由に元治元（一八六四）年七月、朝廷は幕府に長州藩追討の命を下した。全国の大名が朝廷の追討令に従って長州を攻めるのだ。この皮肉なシナリオを描いたのは恐らく一橋慶喜だろう。孝明天皇を巧みに担いで幕府の権威を改めて示そうとしたのだと思う。

この慶喜という人物のやることは、狙いは鋭いのだが、鋭いのは核心部分だけで側面は極めて甘い、という印象を強く受ける。

例えば、後の大政奉還という奇襲は新政府側をずいぶんと慌てさせ、その効果は絶大だったと思うが、肝心の諸侯会議開催までの計画が不十分で、奇襲をかけて空白の時間をつくったまではよかったが反転攻勢に手間取り、手間取っている間に態勢を立て直した新政府側の巻き返しにあって、結局は自ら権力を手放したことが仇《あだ》になり慶喜は朝敵の第一位にされてしまう。この長州征伐の時もそうだった。

幕府は孝明天皇との関係が良好なのを背景にかつての権威を取り戻そうとした。招集した大名に「出兵の経費は自前」「人質を出せ」といった古式ゆかしい強制命令を次々と出した。駆り出された側は藩財政の厳しい中をやりくりしながら派兵するわけで、人質まで取られ多額の出費を伴う時代遅れの遠征には親藩、譜代でさえ内心反対だった。

このときもっと細やかに気を使って諸侯の信用を得ていれば、後の幕府の凋落《ちょうらく》はなかったかもしれないが、慶喜はこういう人の機微を察せられない人物だったのかもしれない。「机上の空論」。この人の行う政策にはこの言葉がよく似合うように思う。

幕府は長州を「朝敵」「賊徒」と呼び、当初は徹底してたたくつもりだった。総督には前の尾張藩主徳川慶勝《よしかつ》が就いた。この人物、高須（藩）四兄弟の長兄で会津藩主松平容保の実兄でもある。この人事に容保の意思はないと思うが、慶喜はあるいは意識していたかもしれない。

確かに長州を本気で滅ぼすならこのときを置いて他になかったろう。禁門の変、下関戦争で多くの戦死者を出した長州にとって人、物、金すべてが不足していた時期だった。実際に攻められればひとたまりもなかったと思うが、そうはならなかった。薩摩が反対したのだ。

薩摩はこの約一年前に会津と組んで長州を京から追い落とした。だが会津も慶喜も薩摩への警戒を緩めなかった。薩摩が「長州の次は自分たち」と敏感に感じ取ったのも無理はなかったと思う。慶喜は口では諸侯会議を唱えながらも、実際は外様大名に対して旧来通りの姿勢を変えていなかった。長州を滅ぼせば薩摩にとって緩衝地帯を失うことになり、国防上の観点から危機感を強めたのだろう。「長州は生かさず殺さず存続させる」というのがこのときの薩摩の本音だったと思う。

とはいえ薩摩の提案は過酷だった。長州本藩と岩国、長府などの支藩とを離間させて藩内を分裂させ征圧すればよい、というものだった。征長軍の中には長州に同情的な者も多くいて、それが遠征の長期化を望まない各藩の上層部の意向と重なって薩摩案は受け入れられた。慶喜の思惑ははずれたのである。

一方、長州藩内部もこの動きに応じるように保守派が台頭して政権を掌握した。征長軍は先の分裂策にのっとって岩国藩の吉川経幹を通じさまざまな要求を突きつけた。保守派は長年の恨みもあり、このほとんどすべてを受け入れて正義派と呼ばれる革新派を根絶やしにしようとした。御所に攻め込んだ三家老と四参謀を斬りその首を征長軍に差し出したのだ。他にも多くの革新派が野山獄に送られ、切腹や斬首に処されている。この恭順策を受け入れた幕府軍は十二月、戦わずして撤兵令を出した。

この時期の長州藩は風前の灯火だった。周布政之助は自決、桂小五郎は行方不明、井上聞多は遭難、高杉晋作は福岡へ逃亡、名だたる活動家は闇討ちや捕縛に遭い、奇兵隊をはじめとする諸隊は藩から解散を迫られていた。まさに壊滅寸前にまで追いつめられていたのだ。

幕府軍が撤兵令を出した直後、高杉晋作が福岡から戻り馬関の功山寺で決起した。それに諸隊が呼応して反乱が始まり保守派は敗北。家老の椋梨藤太は逃亡の後捕縛され斬首された。この後、桂が潜伏先の出石から戻り、薩長同盟、第二次長州征伐（四境戦争）へと続く。

長州は攘夷討幕をスローガンに禁裏を掌握し、京を拠点にして世間にその正義を訴えリードした。しかし京都守護職の立場にあった会津藩と長州の突出を嫌う薩摩藩によって一夜にして京から追い落とされた。そこからはまさに崩れゆくという表現がぴったりの、滅亡への道を自ら選ぶように進んでいった。

第二次長州征伐では、小倉、大島、石州、芸州の四つの国境を囲まれ実際に攻め込まれている。このときは既に薩長同盟が成立しており、薩摩を通じて最新式の銃砲が入手できたため、特に奇

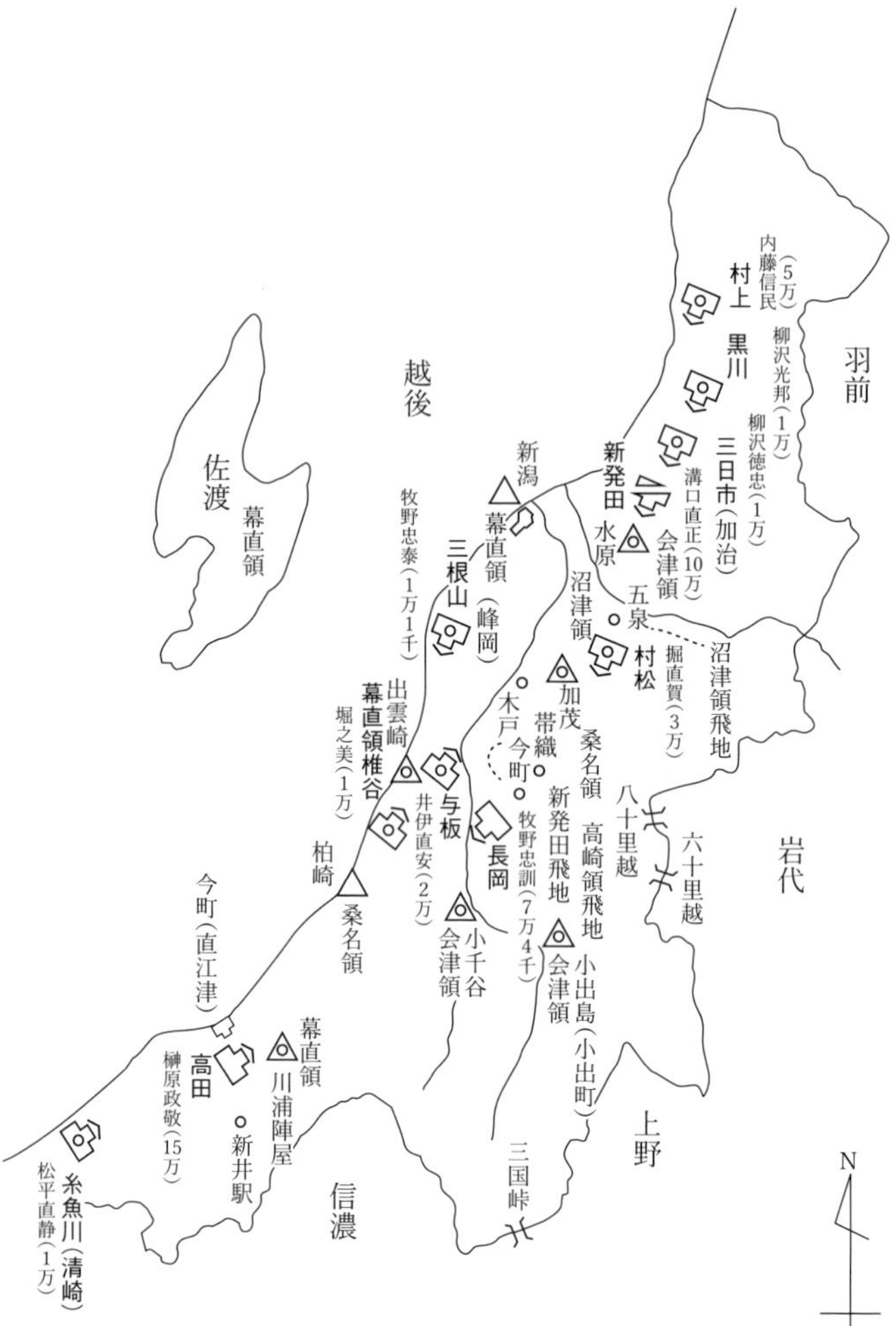

越後国諸藩の配置　官軍攻勢（閏４月20日）以前（大山柏『戊辰役戦史』（上）時事通信社　所収）

兵隊が主力となった小倉城の攻防戦では長州側が勝利している。新政府軍による後の会津攻めは、このときの復讐の意味が強く込められていたと思われる。

そして越後へ

会津藩は藩祖保科正之の遺訓を忠実に守り、幕府の守護たらんとその責務をまっとうしたにすぎない。会津から見れば当たり前のことをしただけで、朝廷から賊徒、朝敵とののしられ、戦死体を白骨化するまで放置されるような大罪を犯したという意識は毛頭ない。

だが、攻め手の長州もかつて同じ憂き目に遭った。攘夷を正義と信じ、孝明帝が下した勅書に従って国内でただ一藩、率先して攘夷を決行した。そこに背信行為などという意識は微塵《みじん》もない。にもかかわらず突然京を追われ、池田屋で多くの死傷者を出し、藩主の雪冤を訴えて上京すると、それは反乱だと言われて成り行き上戦になった。この禁門の変で主だった志士を数多く失い、朝敵とされ、その後の長州征伐では改革派を根絶やしにされかけた。一連の事件には会津と薩摩の意思が強く働いており、後に一方の薩摩と手を組んだために、長州の恨みはすべて会津に凝縮したのだと思う。

徳川慶喜は最終的に徳川家を存続させる道を選び、それまでの会津との関係を断ち切った。新政府から朝敵の第一位に指名されると直ちに上野寛永寺にこもって謹慎した。勝海舟は高橋泥舟、山岡鉄舟を派遣して江戸城の無血開城と徳川家存続のための交渉に全精力を傾注し、会津の擁護にはまったく動かなかった。それどころか、これまでのいきさつすべてを会津にかぶせ、抵抗を訴える諸隊には金と武器を与えて「会津へ行け」とそそのかし江戸から追い払った。会津は幕末に起きた一連の騒動、特に慶喜が半ば思いつきで行った政策のすべての責任をただ一藩で背負わされたのである。

北越戊辰戦争においては、旧幕府勢力はもはや敵ではなかった。新政府側が敵としたのは明確に会津藩とそれに味方する勢力だった。新政府軍は東海道、東山道、北陸道の三方から会津に迫った。それはかつての長州征伐にも似ている。

越後には会津討伐のために集められた日本中の藩兵たちが新政府軍としてやって来た。これを旧幕府勢力の諸隊が結集して迎え撃った。越後はその戦場となった。包囲戦を強いられた会津を除けば一国全域が戦場になったのは越後以外にない。

長州の復讐《ふくしゅう》心がいかに強いものだったか、この地に残る「官軍」と「賊軍」の弔いの格差を見るとそれがよく伝わってくる。あれから百五十年がたとうとしている。月日に力があるとするならば、お互いの恨みのすさまじさを冷静に分析できるということだろうか。

越後に残る維新の墓標は、要は試されている日本人の度量の表徴なのである。

第一章　衝鋒隊の衝撃

はじまり──新潟人の見た兵士

同じ年の九月に明治と元号が変わる慶応四（一八六八）年四月一日、目つきの悪い兵士たちが新潟町にぞろぞろとやって来た。やって来たかとおもうと血と汗の臭いを撒《ま》き散らし町中で乱暴狼藉《ろうぜき》をはたらいた。

兵士たちは黒の段袋（ズボンと袴《はかま》の折衷品）の上にやはり黒い詰め襟の軍服（戎服）を着て上から紐《ひも》をベルトのようにしてウエストを締めている。体から殺気が漂っていて目つきも悪く全体として乱暴者の集まりにしか見えない。

この集団は幕府の脱走歩兵の寄せ集めで衝鋒隊《しょうほうたい》といった。兵士たちは先込めのミニエー銃を標準装備し、椎の実形の弾丸（ミニエー弾）を一分間に三発以上撃ち込めるよう訓練されている。後に一に衝鋒隊、二に桑名兵、三に会津の佐川隊といわれ新政府軍から「鬼」と恐れられた流浪の混成部隊である。

隊は前軍、中軍、後軍の三軍からなり、特に中軍は大砲三門を持っていた。この時の人数は六百八十人で、日頃侍を見慣れていない新潟町の住人にしてみれば人殺しの集団にしか映らなかったろう。ずいぶん怖い思いをしたと思う。

この狼藉者たちの横暴に対し新潟奉行所は何もできなかった。およそふた月前に旧幕府は天領（幕府領）を会津・米沢・桑名・高田の四藩に分割させていた。新潟は安政条約で開港五港に指定されたため要衝地になっており、預かり先が決まらぬまま統治者不在の状態にあった。しかもこの時、奉行もその代理も新潟を離れていた。

ちょうどこの頃、北陸鎮撫《ちんぶ》を名目とする官軍の一行が越後国内十藩の重臣を従えて高田から信州を経て江戸に向かっていた。新潟奉行はその北陸鎮撫総督から出頭を命じられていた。奉行は病気と称して出頭せず、代わりに田中廉太郎という元幕府海防掛が代理として総督府に赴いていた。衝鋒隊はその不在を見透かしたかのようにやって来たのだ。

まず午前九時に二百人が到着。西堀浄泉寺に宿陣した。同じ日の夕方午後五時ごろに四百八十人がやって来て西堀勝楽寺に入り、そのうち百人は浄泉寺の隣、正福寺に移った。

水戸の改革派だった水戸天狗党や佐幕派だった市川勢、脱藩浪士が結成した天誅組など目的のために徒党を組んで移動している集団は佐幕、勤皇の違いを問わず隊の維持のためには何をしてもかまわないという考えを持っていた。この衝鋒隊も同じで、隊長や副隊長はともかく、隊員の多くが略奪行為に抵抗を覚えない者たちだった。

この集団の主力部隊は最新式の装備でミニエー弾を撃ち込む精鋭だが、軍事教練を受けていない新参者は規律通りに集団戦など戦えるはずもない。だが一方で人数は勢力なので戦闘員は増えた方がよい。増えたら増えたでまずは食わせねばならず、追われるように資金手当てに走るという事情があった。隊を維持するために略奪、暴行を繰り返す。鬼と呼ばれたのはそういう意味も込められていたのだろう。

新潟の町民たちは町会所に「早くなんとかしろ」とせっついた。訴えを受けた町会所は旧幕府の奉行所ではなく、かつての領主長岡藩に事態の改善を期待した。懇願されてやって来たのは河井継之助だった。河井はなにぶん事が領地外なため、人を連れずあえて単身でやって来た。すぐに櫛屋旅館に入り隊長の古屋作左衛門を呼び出して町を出るよう説得した。古屋はあっさりとこの説得を受け入れ、間もなく町から退去した。

この時、何が話し合われ、どういう説得がなされたのかは分からない。だがこの凶暴な集団が河井の言に従ったことは確かで、少なくとも新潟町民にはそう見えたことだろう。「さすがは牧野さま御家中、河井さまは大したものよ」と褒めそやしたに違いない。

新潟は会津にとって物資搬入のための重要な湊であり、五港に指定された条約港でもあった。町民、特に町会所の中に新政府寄りの者がいると後でいろいろと支障がでかねない。そこであらかじめ楔《くさび》を打ち込んだ、とも考えられる。

衝鋒隊は越後でどういう役割を果たしたのか、隊の成り立ちも含めてもう少し掘り下げてみたい。

部隊の形成

幕府はおよそ一年前に半知令を出して旗本の禄を半分に減らした。これは幕府が軍備を増強する資金を捻出するためだが、公平さの観点から他藩の、特に佐幕派の藩に配慮して参勤交代の年数を三年に一度に減らした。大政奉還後は参勤交代そのものが消滅している。

江戸の町民は参勤交代でやって来た大名の家臣たちを田舎者とあざ笑ったが、江戸の経済はこの田舎者たちによって成り立っていた。また旗本も半知令を受けて中間や家臣を今まで通り雇えなくなった。江戸は従来の経済システムが壊れ、その結果大量の失業者が一度に出た。そういう中で口入れ屋が大人数を紹介できた職が歩兵部隊の募集だった。雇われ中間《ちゅうげん》、大名抱えの芸人、相撲取り、やくざ者、浪人、こういった者たちが次々と募兵に応じて厳しい訓練を受けた。給金や食い扶持《ぶち》目当ての者、中には手柄を立てれば侍になれると信じて入隊してくる若者もいた。幕府歩兵隊というのは経済の激変であふれ出た失業者たちの受け入れ先だったのだ。

慶応四（一八六八）年一月に京で新政府軍と旧幕府軍が激突した。鳥羽街道と伏見街道でほぼ同時に戦闘が起きたので鳥羽伏見の戦いと呼ばれている。幕府歩兵隊は兵の数で圧倒的に優位だったが、新政府軍が掲げた錦旗、すなわち官軍の旗の前にもろくも敗れ去った。幕府歩兵隊はフランス式の軍事教練を受け最新式の装備をしていたので侍の隊などよりずっと強かった。だが錦旗を目の当たりにし朝敵になることを恐れた諸藩の兵が次々と新政府側に恭順した。さらに大将の慶喜がこの夜ひそかに船で江戸へ逃げ帰ったため兵の士気は著しく落ちた。

この戦いで幕府歩兵隊は散々に打ち負かされ多くの戦死者をだした。さらに脱走する者もいて残存勢力は弱体化した。江戸に戻ったあと、その中の第十一と十二連隊の生き残りが合流して一つの隊に再編成された。この時に江戸で訓練中の部隊も新たに組み入れられた。命知らずの歩兵部隊はこうして出来上がったのだ。

勝海舟や大久保一翁など幕府恭順派は抗戦派勢力を江戸無血開城の妨げになると考え敬遠した。大鳥圭介、榎本武揚、新撰組といった抗戦派は役目と金を与えられ江戸から遠ざけられた。再編成された衝鋒隊も信濃鎮撫を命じられまずは会津へ向かう。その会津から水原を経て新潟へやって来たのだ。

古屋と今井

この隊を率いていたのは古屋作左衛門という幕臣だった。生まれは筑後（現福岡県）の庄屋の次男で、大坂で医学を学び、江戸に出て洋学と剣術を学んだ。後に御家人の古屋家の養子となり幕臣となった。

御家人が裕福な百姓や商人から資金援助を目的に養子を迎えるというのは当時よくあった話で、例えば勝海舟の曽祖父は米山検校という越後刈羽郡出身の盲人だった。米山検校は御家人男谷《おとこや》家の養子となり、後にその子が旗本勝《かつ》家の養子になった。それが小吉（海舟の父）の父である。

将軍に謁見《えっけん》できる旗本はともかく、古屋家のように御目見え以下の御家人には出自が侍以外という者は少なくなかった。幕末のこの時代、裕福な百姓や商人が侍になるという社会現象は幕臣、外様を問わず日本中どこにでもあった事例だった。

古屋は神奈川奉行所の運上所（開港した港で貨物の取り締まりや関税の徴収を行った役所。明治五＝一八七二年に税関と名を変える）の定役になった。横浜野毛町に官舎があり、そこに住み込んでヘボンや宣教師たちに英語や洋学を学んだ。英語に通じたことで三十歳の時に神奈川奉行所の通訳になった。当時、進んで外国人と話をするという発想自体が少数派で、まして会話ができる日本人など極めて少なかった。横浜には英国軍隊が駐留しており古屋はこの特技を生かして彼らに用兵術を学んだ。この頃、日本中で洋式軍隊の用兵を知っていた者が果たして何人いただろうか。彼がその希少な人材の一人であったことは間違いない。

鳥羽伏見の戦いが起きる直前、古屋は幕府陸軍の歩兵指図役頭取という立場にあった。この役職は旧帝国陸軍の大尉にあたる。中隊を率いる指揮官ということになるが、考えてみれば北九州の庄屋の次男が弱冠三十五歳の若さで幕府正規軍の将校になったのだから大した出世だと思う。

ちなみに彼の旧姓は高松といい、実弟に医師高松凌雲がいる。凌雲は明治に入って民間救護団体「同愛社」を設立した。日本における赤十字運動の先駆者といわれる人物である。

幕府歩兵隊はこの後、鳥羽伏見の戦いに敗れ、その中の第十一、十二連隊が合併して衝鋒隊を結成したことは既に述べた。古屋はその隊長になったわけだが、古屋のインテリぶりに対し、衝鋒隊の粗暴、非道の振る舞いがどうもしっくりこない。隊士はおよそ千人。千人もの兵が長い距離を移動するのだから規律の乱れは仕方ないとして、用兵家の古屋が隊の規律まで責任を負っていたようにも思えないのだ。そこで、もう一人のキーマンを探ってみたい。今井信郎《いまいのぶお》、後に自分が坂本竜馬を斬ったと証言する人物で、この隊の副隊長だった。

今井は旗本の出である。古屋より八つ下で天保十二（一八四一）年に今井安五郎の長男として生まれた。屋敷は湯島聖堂下にあり、十歳で元服すると中間として幕府に出仕し、湯島聖堂で漢学や絵画を学んだ。

湯島聖堂は孔子が祭られている廟《びょう》と学問所を兼ねた施設で江戸時代は儒学の聖地だった。学問所の方は「昌平坂学問所」といい林家の学問所を湯島聖堂に移したもので幕府の最高学府とされた。ちなみに昌平とは孔子の生誕地の名である。

十八歳で直心影流、榊原鍵吉の門下となり二年後に免許皆伝を受けた。今井は独自に「片手打ち」という剣法を編み出したというが、それが具体的にどういう技だったのかは伝わっていない。ただ道場破りに来た水戸藩の浪人をこの片手打ちで、それも竹刀で頭部をたたき割って殺したらしく、師から封印を命じられている。技もしかることながら、恐ろしく腕力の強い剣客だったことが想像できる。

その後、講武所の師範代となり、二十三歳の時、神奈川奉行所取締役窪田鎮章《しずあき》の配下となった。古屋との接点はこの時期と思われる。窪田鎮章は古屋と共に英国の「歩兵操練・図解」を翻訳して幕府の洋式歩兵部隊の編成を推し進めた人物で、後に第十二連隊の隊長となる。今井は窪田から汲心流体術という柔術を学んだ。思えば窪田、古屋、今井と、当時幕府には多様な才覚を持った者が数多くいたものだと改めて感心させられる。問題はそれを生かせる上司が少なかったのだろう。

幕末の人斬りと聞くと私などはまず土佐の岡田以蔵、薩摩の田中新兵衛、同じく中村半次郎（後の桐野利秋）らの名を思い浮かべる。幕末の京では「天誅」と称して暗殺が横行していた。洛中は血臭と死臭に覆われ、岡田らのように人斬りを仕事《なりわい》とするような輩《やから》も大勢いた。そういう者たちに対し京の治安を守るという名目で強烈な取り締まりを実行したのが会津藩お抱えの新撰組と旗本の子弟からなる京都見廻組だった。今井は幕府遊撃隊頭取として京に赴任し、後に佐々木只三郎率いる京都見廻組に参加した。新撰組に見廻組、土佐勤皇党、脱藩浪士などなど、それにしても決して広くはない京の町中には目つきの悪い血なまぐさい集団が所かまわずうろうろしていたことになる。今井はこの頃からこういう世間の目には慣れていたのかもしれない。血や汗の臭いは一度慣れてしまえば鈍感でいられるのだろう。鳥羽伏見の戦いに敗れ京を追われるまで浪士を探し捕縛というよりは斬り捨てる仕事を続けていた。裁判などせず見つけ次第斬り捨てるのだ。

今井の柔術の師である窪田鎮章は京で戦死した。しかし窪田連隊は厳しい訓練を受けた洋式歩兵部隊だった。この窪田連隊と、佐々木信久が率いた第十一連隊を合わせて再編成したのが古屋作左衛門で、今井はかつての師である窪田のつながりでこの集団に副隊長として参加した。

両連隊とも西洋式歩兵術を習得した集団だが再編成した頃には生き残った者独特の目つきの鋭い血なまぐさい集団に変化していたのだろう。だからこそ江戸無血開城を考えている勝海舟ら恭順派にとって、邪魔で危険な存在でしかなく、軍資金を渡し信濃鎮撫という名目を与えて江戸から遠ざけたのだ。彼らはまず会津に行きそこから越後に入って信濃攻略をしようと計画した。道すがら行き場を失った浪人たちも加わり衝鋒隊はますます異様な集団になっていった。隊の規律にはインテリの古屋より血の臭いの強い今井の方がにらみが利いたのかもしれない。「竜馬を斬った」と言うのも、そういう連中を震え上がらせる方便だった可能性もある。

衝鋒隊は洋式用兵術によって鍛えられた歩兵部隊の生き残りと、新たな失業者やひと旗組が寄せ集まってできた集団だった。総勢千人近くにもなった大所帯をまとめるため戦闘時の用兵は古屋が、日頃の運営は今井が事実上分割して管理していたのではないだろうか。そして越後にやって来た彼らは北越戊辰戦争における緒戦のキーマン、高田藩の帰趨《きすう》について重要な役割を果たすことになる。

高田へ

衝鋒隊は新潟に入る前にまず水原に駐屯した。もともと天領だった場所なので幕府の代官所が置かれていたが、大政奉還後は会津が預かり地として管理していた。ここで衝鋒隊は今井を使者にたて新発田藩に脅しをかけた。新発田藩はこの頃から新政府寄りという見方をされており、これを牽制《けんせい》する意図があったのだろう。「これから新潟に向かうが、ぜひとも貴藩の藩士を同行させられたい」。今井はまず人質を要求したのだ。四方を会津寄りの藩に囲まれている新発田としてはこの申し出を断るわけにはいかなかった。藩士とその付き添いを二人ずつ出して同行させた。彼らは新潟までの道案内や食事の世話などをしている。

今井は新潟に着くなり「貴藩より五千両を拝借したい。手間取るようなら一同で再び新発田城下に向かう」と要求した。二人の藩士は協議のうえ千両の献納で話をつけた。隊は「歩兵指図役頭取楠山三郎」を受取人として形ばかりの借用証書を渡している。もちろん返す気などはまったくない。

ちなみに新発田藩はこの後も水戸脱藩兵（市川勢）に千両を、会津藩に米五千俵、金三千両、小銃百丁を半ば脅し取られている。徹底的にマークされていたのだろうが、それにしてもひどい話である。弱い立場というのはこういう理不尽に抵抗できない状況をいうのだろう。

四月九日、衝鋒隊は新潟を出発した。新潟には九日間滞在したことになる。町民はひとまずはほっとしたことだろうが、それもつかの間、やがて米沢藩や庄内藩の兵たちがごっそりやって来て長く駐屯することになる。

新潟を出ると隊は日本海沿いを進んで寺泊に着いた。十一日、今度はやはり新政府寄りとみられていた与板藩に脅しをかけた。今井は三、四百人を連れて城下に押しかけ、軍資金として一万両、兵糧米五百俵を脅し取り、さらには城下で略奪の限りをはたらいた。このあたりの仕事は今井が指導したのだろう。

当面の資金と食糧を確保した衝鋒隊は十五日、越後出雲崎から信州松本まで行軍するという先触れを出した。椎谷―柏崎―（中略）―春日新田―高田―新井―関山―（中略）―善光寺―篠井

―（中略）―岡田―松本と具体的な行程と日程を挙げ「これらの宿場の者は宿泊の準備をし、人足と馬を差し出すように」と催促している。

攻撃目標とされた松本藩はこの頃、既に新政府側に恭順しており、東山道軍の一員として甲州戦線を戦っていた。この宣言は取りも直さず新政府軍への宣戦布告を意味している。

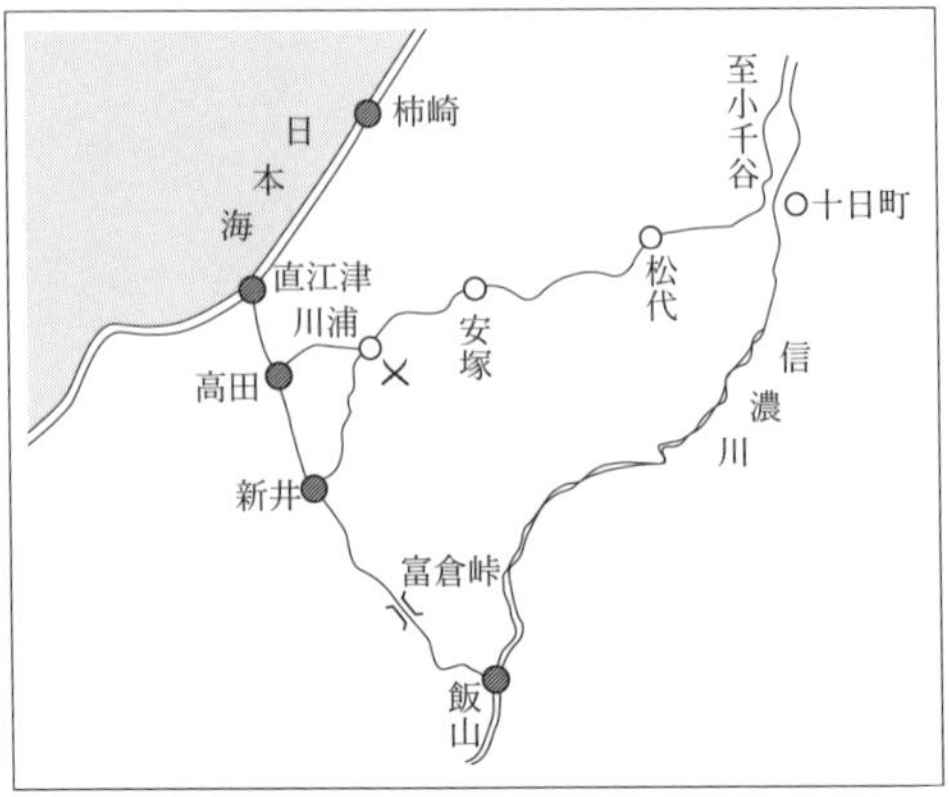

衝鋒隊の経路（『新潟県史』通史編6　所収）

一方、この知らせを聞いた松代藩（信州埴科郡・真田家）は「断固として撃退する」と宣言した。信州各藩はこぞって新政府軍への恭順を表明しており、高田藩と地理的に最も近い飯山藩（信州水内郡・本多家）は高田に急使を送ってこの先触れにどう対応するつもりか真意を確かめている。だが飯山藩の証言ではこの時「高田側から回答はなかった」という。このあたり高田藩では藩論が割れていたことに加え事態を軽視していたと思われる。

こういう状況下で衝鋒隊はいよいよ高田に向けて動きだした。桑名領柏崎を通り高田領柿崎に入ったのは十六日のことだった。

翌日、高田藩は家老と側用人を早馬で送った。後日、藩は新政府軍に対し「自重を促した」と説明している。

後に高田藩が新政府軍に出した陳謝状が残っている。それによれば、「古屋は他藩領も通って来たのだから高田藩も通してほしいと言ってきた。だが当藩としては当局からの通達もあるので通せないと断った。しかし古屋は引かず再三にわたって頼むので、やむなく新井に留め置くことを許可した（筆者が要約）」と説明している。飯山藩のときの対応とはずいぶん違いがあるように思える。陳謝状の内容は恐らく事実とは違うのだろう。高田藩はこのぎりぎりの段階まで、実は腹を決めかねていた、ということだと思う。

高田藩は越後の西の入り口に位置し、北国街道と北陸道は直江津を分岐点としている。もし高田が会津側につくとなると、北陸道軍も東山道軍もまずは高田で攻防戦を戦わなくてはならなくなる。逆に会津から見れば高田藩の去就次第では無抵抗で敵軍を越後に迎え入れることになり、これは全軍の士気にも関わる。この藩はどちらの陣営からも極めて重要な場所に位置していたのだ。

地理的な重要性だけではない。高田藩榊原家は徳川四天王の一人榊原康政直系の家柄で、代々先陣を務める家として幕府内でも別格の扱いを受けてきた。現に第二次長州征伐では、高田は彦根藩井伊家と共に幕府軍の先陣を任されている。会津にしてみれば旧幕府軍という戦の大儀を表す意味でも、士気を高めるという意味でも、榊原家を取り込むのと取り込まないのとでは大きな差があった。新政府側もそれは十分承知していて、だからこそ松代藩はいち早く反応したのだと思う。

東本願寺新井別院　衝鋒隊はここに宿泊を命じられた

このような両陣営の駆け引きのなか、衝鋒隊は十九日、高田を通過して新井に入り東本願寺新井別院に宿営した。古屋から城下にはとどまらない、粗暴な振る舞いは一切しないという請書をとったうえでの通行許可だった。だがこのことが新政府軍の危機意識を刺激することになる。そして古屋はいよいよ本来の役割を果たすべく行動を開始した。

遠運動

入宿からわずか三日後の二十二日、衝鋒隊は早朝から軍備を整え信州飯山へ向けて行軍を始めた。高田藩に事前の通告はなく遠運動と称して新井を出たという。旧飯山街道、現在の国道二九二号を行軍し、長沢を経て富倉峠で飯山藩の役人に談判をしかけた。いつもの脅しをかけたのだと思うが、関所の役人に交渉する権限などあるはずもなく、結局は人数にものをいわせて関を押し通り城下に入ってしまった。

飯山藩は本多家二万石の小藩で他の信州諸藩と同じく既に新政府支持の方針だった。だが衝鋒隊の粗暴で悪辣《あくらつ》な風聞を伝え聞いていた藩は決して無理をせず、この場は会津支持の方針だと方便をし、食糧を与えてこの集団をなだめた。だが事態はここから急激に拡大していく。

まず高田藩が動いた。無断で新井を出た衝鋒隊を追って目付の関権六が飯山へ向かった。関は請書違反を責め、すぐに新井へ引き返すよう申し入れた。これに対し古屋は中島銈之進と平田惣太夫の二人を高田藩へ送ったが、衝鋒隊は飯山城下に陣取ったまま動かなかった。中島らは高田に入るなり謝罪を申し入れたが藩はこれを受け入れず、平田に「全武器を高田藩に預け別命を待て」と伝えて飯山藩へ送り返した。その一方で恐らくは人質という意味だと思うが中島を捕らえている。

二十四日、衝鋒隊の一大隊というから恐らく三分の一あまり、人数にして二百から三百人が新井に引き返した。

この一件は実は立場の違いで証言が食い違っている。

高田藩は後の弁明書で「古屋が当藩の説得を受け入れたものだ」と述べているが、古屋の言は少し違っていて「高田藩に援軍を求めるためだった」とか「万が一全軍が退路を断たれた場合の自衛の措置だった」と言っていたとされている。なにせ古屋は箱館戦争で亡くなっていて、こういう話はすべて生き残った者の証言による。高田藩も古屋も自身に都合のいいことを述べているように聞こえるが、結果的には隊を裂いた衝鋒隊のデメリットの方が大きかった。これは高田藩から妥協案のようなものが提示された可能性も否定できない。だとすれば古屋はだまされたと感じていたのかもしれない。

信州の事情は会津にとって極めて深刻なものだった。

大政奉還後、信州は尾張藩の預かりとなっていたが、藩の実権を握っていたのは藩主の後見である徳川慶勝だった。慶勝は美濃高須藩四兄弟（男子の兄弟は九人いたが他藩の家督を継いだ者が四人いるという意味）の一番上で、弟の茂徳《もちのり》が慶勝の後を、容保が会津藩主を、定敬《さだあき》が桑名藩主をそれぞれ継いだ。

慶勝は安政の大獄で水戸の斉昭と共に大老井伊直弼と対立して藩主の座を追われ、弟の茂徳が後を継いだことで一時権力を失った。だが井伊の死後は次第に力を取り戻し、茂徳が隠居して実子の義宣が藩主に就くと、その後見として実権を取り戻した。その後、第一次長州征伐で征長軍総督となり、長州を滅ぼすことなく恭順させることで戦争を終わらせ京へ凱旋《がいせん》した。だが第二次長州征伐が検討され始めると、慶勝は再征に反対し茂徳にも総督就任を拒否させた。このあたりから弟の容保や定敬とは立場が違ってくる。

大政奉還後は新政府の議定となり、慶喜へ、官を辞し領地を返納（辞官納地）するよう通告する役も務めた。家臣として宗家の当主にこのような通告をするのはさぞつらかったろうと思うが、恐らく戦争を回避し国を一つにするという信念から、これを正義と信じて使者にたったのだと思う。この時旧幕臣らからは裏切り者呼ばわりされ、行った先の二条城では罵声《ばせい》も浴びせられている。慶勝にしてみれば、徳川家を危うくしているのはおまえたちの方だ、と言いたかったろうが一切無言で通した。大家を預かる武士というのはこういうときの覚悟を常に養っていたのだろう。

一方尾張藩は慶勝が不在の間、勤皇と佐幕で藩論が割れていた。しかし慶勝は、帰国するや明確に佐幕派を弾圧したため藩論は新政府支持にまとまった。

その尾張藩が預かり地としている信州で会津の息のかかった旧幕府歩兵隊が事もあろうに飯山藩を軍事的に占拠した。これを見過ごせば新政府からその姿勢をただされることは必至だ。謹慎中の慶喜の処分にも悪い影響が出かねない。慶勝は藩の責任者としてこの暴挙をこのまま見過ごすなど論外であった。

衝鋒隊が隊を裂いた翌日の四月二十五日朝、尾張藩は松代藩と連合して、千曲川の対岸に位置する山腹から飯山城下を砲撃した。衝鋒隊はすぐに応戦したが、ここで初めて飯山藩が牙をむいた。城中から砲撃を始めたのだ。衝鋒隊は正面と背後から挟撃を受ける格好になり、こうなるとさすがの精鋭部隊も対処に詰まる。まして烏合《うごう》の衆の今井の隊などは崩れるのが早い。道々加わった者たちはすぐに混乱をきたしたことだろう。衝鋒隊は多数の死傷者を出しながら新井に撤退した。この日はたたきつけるような雨が降っていたというが、兵たちはずぶぬれになりながら新井に戻り、たどり着いた頃には夜も更け日付も変わっていた。疲労困憊《こんぱい》で戦意も感じられないほどだったという。

高田藩は彼らが民家に泊まることを禁じ新井別院にのみ宿泊を許した。松本市史はこのあたりの高田藩の対応を、衝鋒隊の敗残のさまを目の当たりにして「官軍の威勢をのぞみ、急に鼻息荒くなりたる気色にて」と手厳しく表現している。確かにこの日を境にそれまでの優柔不断な態度は影をひそめまさに鼻息が荒くなる。

討伐

二十六日の昼すぎ、高田藩は衝鋒隊に対し関川の川向こう、飯田川の先の旧幕府領、川浦へ移動することを勧めた。高田藩の弁明書には「交渉の末走らせた」とあるが実際のところは分からない。ともかくも古屋はこれを受け入れたので隊は直ちに移動を始め、その日のうちに旧幕府川浦奉行所（川浦陣屋）に移った。

ところが高田藩の置かれた立場は、藩が考えているよりずっと厳しいものになっていた。衝鋒隊を追う尾張、松代、飯山、松本の各藩が連合を組んで新井に迫ってきていた。この連合軍は自分たちを東山道総督軍、つまり官軍と称していたので

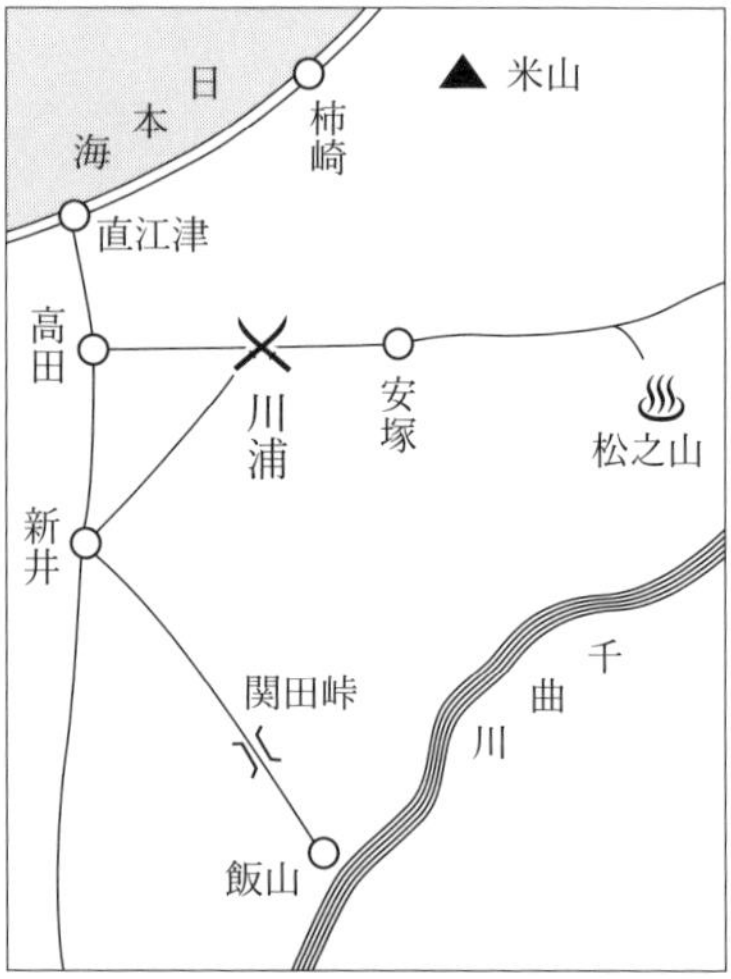

川浦戦争要図（『高田市史』第１巻　所収）

川浦陣屋跡　この地が衝鋒隊敗走の地になった

ある。

高田藩は衝鋒隊追撃に踏み切った。ただし全軍で一気に撃滅するというものではなく、兵を三つに分け、まずは飯田川の対岸に大砲を据え、すぐには砲撃せず、夕刻になってから攻撃を始めた。

それでも衝鋒隊からすれば高田藩は豹変《ひょうへん》したのであり、攻撃は突然のものと感じた。このときの衝鋒隊の犠牲が戦利品として記録されている。「首二つ」「自殺一人」「生捕十七人」と死傷者がいたこと、「乗馬三匹うち二疋鞍置」「槍二筋」「脇差六本」「大砲一門」「小銃四十八挺」（庄田文庫）と武器を置き捨てて逃げていることが分かる。ずいぶんと慌てたのだろう。中には長持ちや駕籠《かご》という記録もある。

高田藩の恭順

衝鋒隊が逃げ去ったあと、同じ日の夜に松代と尾張の藩兵が新井に入った。高田藩は領内侵入を抗議しようと、中老と側用人を派遣した。ところが逆に衝鋒隊への曖昧な態度を糾問《きゅうもん》される事態になった。

ここで高田藩のためにひとつだけ言い添えておきたい。衝鋒隊から見れば高田藩は態度を一変させ新政府軍におもねった、もっと言えば裏切ったと映っただろう。だが高田藩の本来の主張は哀訴《あいそ》諫諍《かんそう》だった。朝廷に徳川家の存続を求める（哀訴）一方で、徳川慶喜には朝廷への謝罪（諫諍）を要求する、というもので、これは藩の方針として重役会議でも承認され、藩主榊原政敬は現に朝廷へ哀訴状を、慶喜へは諫諍状をそれぞれ提出している。藩として真剣に取り組んでいたのだ。

しかしこの政策には、実はオリジナルがある。それは尾張藩主徳川慶勝が新政府内で続けていた徳川宗家救済の訴えだった。慶勝は新政府の内部にあって常に徳川家の存続を主張し続けていた。

例えば、新政府は慶喜に対し、官を辞して徳川家二百万石を朝廷に返納せよ、という「辞官納地」を要求した。この時慶勝は慶喜に直接かけあい、納地をした後は尾張藩が徳川家に土地を献上するので、ここは朝廷の命令に従うべきだと慶喜を諭している。結局この件は慶喜が首を縦に振らなかったので実現しなかった。慶勝は自藩の領地を差し出してでも徳川宗家を救おうとしていたのだ。高田藩の哀訴諫諍はこの慶勝の主張を基にしていると考えられる。

その慶勝が実権を握る尾張藩が東山道軍の主力として、こともあろうに榊原家を攻めに来る。

これは高田藩にとって痛恨の極みだったろう。藩主榊原政敬は徳川家の中でも最も信用に値する慶勝の確固たる意思を、衝鋒隊への対応を通じて確認したのだと思う。高田藩は豹変したわけではなく、主家の意思を確かめたうえで藩論を決めたのだ。高田藩の新政府軍への帰順は、実は榊原家なりの徳川宗家への忠義だったと考えている。

月が変わって閏《うるう》四月七日（この年は四月が二回あった）には東山道軍の軍監岩村精一郎が信州から新井に入った。高田藩は松代や尾張が藩としてではなく官軍として動いていることを改めて確認したことだろう。東山道軍に参加の諸藩は会議を開き高田藩の処分を協議した。謝罪なき場合は討伐という判断が下され、高田藩は代表がそろって謝罪した。「以降、官軍の先鋒となって忠節を尽くす」と改めて誓約したのである。

高田藩は現状を把握しかねていたのだろうという証拠はいくつかある。

新井会談後、高田藩は軍事局を設置して藩政、軍政の刷新に動きだした。榊原家は第二次長州征伐で長州奇兵隊に惨敗したにもかかわらず抜本的な軍制改革を行わずにきた。これは伝統と改革を天秤《てんびん》にかけ徳川家を気遣ったためだろう。それが新井会談を境に門閥から能力重視の人事に刷新し軍制改革に本腰を入れた。

それでも朝廷は藩の重役をわざわざ京に上らせて詰問した。これは高田藩の心底を測りかねていたからで、この藩がぎりぎりまで徳川家と新政府の間で揺れていたことを表している。古屋作左衛門は皮肉なことに、高田藩に慶勝の真意を確認させ、会津討伐の方向に進めるきっかけをつくってしまった。以降、新発田藩の参戦まで高田藩は新政府軍の先鋒役として越後各地を転戦し多くの犠牲を出しながら多くの戦果も上げることになる。

衝鋒隊という墓標

川浦を追われた衝鋒隊は散り散りになったが、その後改めて小千谷で結集した。小隊が八つできたというから人数はピーク時の三分の一ほどになっていたと考えられる。この後鯨波、小千谷、片貝で戦い、長岡藩参戦後は榎峠から会津まで戦い抜き、最後は五稜郭で敗れて隊長の古屋は箱館の地で戦死する。幕末に現れた数ある諸隊の中でも、しっかりとした足跡を残した数少ない隊の一つだった。

洋式練兵術を習得し鬼と恐れられ精鋭部隊として活躍を期待される一方、行く先々で敬遠され鼻つまみ者のように扱われる存在でもあった衝鋒隊。古屋は英語で外国人と会話できるほどのまさにエリートだった。さしたる思想も持たずただ刀を振り回していただけの「志士」たちとはまったく異質な存在だったと思う。敗れ続けたエリートは何を思い北の大地で死への道を突き進んだのだろう。

一方、今井信郎は箱館で降伏し投獄された。投獄中近江屋事件の糾問を受け坂本竜馬の暗殺に関わったと告白し、その罪で禁固刑を言い渡された。ところが明治五（一八七二）年に特赦によって釈放される。これには西郷隆盛の口添えがあったといわれている。釈放後、今井は現在の静岡県島田市初倉に入植し帰農した。農民となった今井は一方で自由民権運動を支援しやがて初倉村の村長になった。後半生キリスト教に帰依し矯風《きょうふう》、つまり慈善事業に厚く貢献したという。

それにしても古屋作左衛門という人物には興味が尽きない。弟は赤十字運動の先駆者となり、同僚だった今井はキリスト教徒になった。もし生きていれば後の世に何か残せたのではないか、それを身近にいた人間が意思を受け継いだのではないか、そんなことを連想させる魅力がある。

高田藩は新政府軍として戦う決断をした。衝鋒隊の果たした役割は結局のところそこに尽きる。会津の思惑は見事なまでに裏目に出たのだ。高田藩が新政府軍へ帰順したことで越後の西の扉が開いた。その音はこれから起きる激しい戦いの、その始まりを告げる音だったろう。

衝鋒隊が残したもの、それはこれから並ぶ無数の墓標の、初めのひと塚だったと思う。

第二章　市川勢と桑名藩佐幕派の流転

水戸学のおこり

水戸学は大まかにいって前期と後期に分けられる。前期は徳川光圀の時代にまで遡《さかのぼ》るのでこの学問の歴史は古い。

光圀は徳川家康の十一男頼房の三男にあたる。家督を継いだのは三十三歳の時だがその四年前から「大日本史」の編纂《へんさん》に取り組んでいた。藩士の規律を厳しく律して士風の高揚をはかり勧農政策や宗教制度の改革も行っている。水戸学の精神がこの時期に確立したことは間違いない。

水戸学は「大日本史」の編纂に起源がある。編纂に際してまず歴史の大義名分、史観をどう定めるかという点がさまざまに協議され学問として形作られた。

例えば皇室と幕府の関係をどう位置づけるかという点について、前期水戸学は皇室を君とし幕府を臣として二つを君臣関係の最高位と位置づけた。徳川幕府は皇室を守護する最高の機関であり、だからこそ諸藩は幕府を敬わなければならないという、いわゆる尊皇敬幕という立場、考え方をとった。皇室と幕府が矛盾しない関係を定義付けたのが水戸学の本意だった。

ところが後期水戸学は徳川斉昭の時代に尊皇攘夷論として再構築される。藤田東湖、会沢安(正志斎)、青山延于《のぶゆき》、栗田寛といった学者らが中心となり学問として体系化された。彼らを登用し積極的に支援したのが斉昭だった。

水戸斉昭

斉昭は光圀から数えて八代目の藩主にあたる。文政十二（一八二九）年に家督を継いだので、この間におよそ百七十年の月日が流れている。藩校弘道館をつくり門閥以外からも人材を登用し藩政、兵制の改革を断行した。皇室をあつく尊ぶ尊皇という思想は光圀の時代より強くなるが、幕府を敬うという敬幕の方は大きく退潮する。それには斉昭の異人嫌いが強く影響していた。

この頃、江戸幕府は財政難にあえいでいた。幕政改革は成功せず、収入源である天領の増加も望めず借金は増えるばかりで、そのうえ外様の雄藩の中には藩政改革に成功して財政赤字から脱けだす藩も現れた。薩摩、長州、肥前などがそれにあたる。天保の末ごろになると幕府の統率力は大きく揺らぎ始める。

こういう状況下でペリーがやって来た。幕府は新たな収入源として外国貿易に目をつけ、これを幕府が独占することで幕府の権威と財政を再生強化しようと考えた。

斉昭は自身が異人嫌いなことに加え、孝明天皇も大の異人嫌いであることを理由に「尊皇」という観点から幕府の開国政策を毛嫌いした。敬幕から嫌幕へ、水戸学の方向性が大きく変化し、異人をめぐる考え方の違いが斉昭と幕府の決裂を決定的なものにした。それがはっきりと表面化したのが井伊直弼との対立だった。

確執

安政五（一八五八）年六月十九日、幕府は米国の駐日総領事ハリスとの間で日米修好通商条約を結んだ。この条約の締結を主導、強行したのはこの年の四月に大老に就任した井伊直弼だった。井伊は朝廷の勅許を得ぬまま幕府単独で条約調印を行った。これに怒った斉昭は井伊を糾問しようと越前の松平慶永《よしなが》（後の春嶽）、尾張の徳川慶恕《よしくみ》（後の慶勝）と共に江戸城への不意登城、いわゆる押しかけ登城を行った。押しかけ登城とはあらかじめ定められた日以外に登城することで、それ自体が幕府への敵対行為と見なされた。三人は井伊を糾問するどころか逆に謀反の疑いをかけられ、慶恕、慶永は隠居のうえ謹慎、斉昭は重謹慎の沙汰を言い渡される羽目になる。

斉昭と井伊の確執にはもう一つ伏線があった。病弱で実子のない将軍家定の継嗣問題である。井伊は次の将軍に紀伊藩主の長男で、十一代将軍家斉の孫にあたる慶福《よしとみ》（後の家茂）を推して南紀派を形成した。これに対し斉昭は自身の子である一橋慶喜を推して一橋派を形成した。結局次の将軍は慶福に決まり、ここでも斉昭は井伊に敗れる。

安政の大獄

斉昭は以前から京の公家、特に先の関白鷹司政通や内大臣三条実万《さねつむ》らと頻繁に文のやり取りをしていた。

公家らは井伊をひどく嫌っていた。それは安政条約の調印を勅許を待たずに強行したことや、当時皇室書生と呼ばれていた勤皇の志士たちを金銭面で支援していた斉昭を処分したことに要因がある。

この井伊を嫌う風潮が関白近衛忠熙や鷹司政通らを中心にして一つの陰謀を生む。天皇の言葉を書面にして斉昭に下そうというのだ。この手紙は水戸藩京留守居役の息子によってひそかに水戸にもたらされた。その内容はあからさまな幕府への不信任で、隠居させた三人の幕政復帰や尊皇攘夷の実行を促すような内容まで書かれていた。後に戊午《ぼご》の密勅《みっちょく》と呼ばれるこの手紙は安政の大獄の引き金となった。

密勅の存在を知った井伊は懐刀の長野主膳を京に送りこの陰謀を画策した公卿の家臣らを次々に検挙し江戸送りにした。また水戸への報復は厳しく、家老の安島帯刀《あじまたてわき》や密勅に関わった京留守居役親子なども投獄された。他に頼三樹三郎、橋本左内といった旧一橋派や、幕府の権威自体を否定する長州の吉田寅次郎（松蔭）なども捕らえられた。

裁判は北町奉行所（現在の常盤橋付近にあったとされる）で行われたが、この詮議は公平さとはおよそ懸け離れた、あらかじめ井伊の下した結論が先にありきの偏ったものだった。判決はほとんどが死罪、獄門で、切腹は安島らごく一部の者に限られた。ひとかどの侍や公家の家臣らが首をはねられたのだ。過酷な弾圧だったと言える。

安政弾圧の意味するもの

かくも過酷な政治弾圧がなぜ行われたのか、それは井伊が抱いていた幕府への強烈な危機感の裏返しだったと思われる。

井伊の考えていた開国は幕府が外国貿易を独占して財政再建を確かなものにすることと、そのために新たな鎖国政策を構築して諸大名に外国との関わりを許さないというものだった。また将軍には家斉直系の慶福を就け、改革派が推す一橋慶喜を退けた。これも幕府の権威を血脈の正当性を守ることで示そうとしたのだと思う。これに反対する者は、井伊から見れば幕府の権威をおとしめる者、つまり謀反人ということになる。謀反は重罪であるから死罪、獄門という過酷な処分も当然のことと考え実行したのだろう。

しかし時代の流れに逆らうような政策とそれに反対する者を容赦なく弾圧する態度は多くの人の恨みを買い、それがために自身の命も失い、ひいては幕府の権威をよりいっそう落とす結果につながってしまった。安政七年—後に万延元（一八六〇）年三月三日、井伊は江戸城桜田門外で登城途中に水戸藩の脱藩浪士らに襲われ首を取られた。

一方幽閉された斉昭も同じ年の八月十五日に心筋梗塞を起こして死亡した。享年六十。一時は彦根藩による毒殺も噂された。

水戸と彦根、この二つの藩の恨みの連鎖は、また新たな悲劇を生むことになる。

水戸藩の分裂

斉昭亡き後、水戸藩では藩内が四分五裂して血で血を洗う権力闘争が始まる。創業以来の門閥家臣と斉昭が登用した新興勢力とが、対立どころか、そのレベルを超えて憎しみあったのだ。すべての勢力は共通して斉昭を敬っていたが、その敬愛していた主君を死に追いやったのは幕府であるという考えと、行き過ぎた幕政批判が招いたのだとする二つの考えが対立した。これは誰が主君を死に追いやったのかという責任のなすり付け合いで、その分理屈より感情が先行して双方の溝は修復不可能になった。

過激な尊攘派、過激な佐幕派、穏健な改革派、穏健な佐幕派、他にも敬幕―尊皇、開国―攘夷、保守―改革といったさまざまな意見対立が複雑に絡み合い、そこに感情が入って互いを殺しあうまでになった。

文久三（一八六三）年八月十八日の政変で長州が京から追われると、急進的な攘夷論は後退して公議政体派が勢力を盛り返した。それまで攘夷派に目をつむっていた諸藩の佐幕派は一斉に攘夷派弾圧を始めた。例えば吉村寅太郎ら脱藩浪士が組織した天誅組は討伐にあって壊滅。武市半兵太率いる土佐勤皇党も土佐藩自体の弾圧にあって事実上壊滅した。翌年（元治元年）には長州も禁門の変を引き起こし遂には朝敵にされてしまう。

このような急旋回する時勢にあって、ただでさえ混乱する水戸藩では寛容はもはや存在せず、過激な佐幕派の諸生党は反対勢力を情け容赦なく弾圧した。

水戸天狗党

元治元（一八六四）年三月二十七日、藤田小四郎という二十二歳の若者が横浜港閉鎖を訴えて六十二人の同志と共に筑波山で挙兵した。

藤田小四郎は藤田東湖の子である。東湖は水戸学の儒者で斉昭の側近だったが安政地震で圧死している。

藤田は二十二歳と若かったため求心力を得るために改革派で水戸藩町奉行だった田丸稲之衛門《いなのえもん》を主将に担いだ。田村はこの年六十歳だった。わずか六十二人で起こした小さな旋風はやがて台風並みに発達し時代を揺さぶることになる。

この挙兵には攘夷志士の他に山伏、百姓、博徒、ひと旗組などが次々と参加してすぐに大人数になった。この人数を食わせるために商家や代官所などから多額の金銭を脅し取った。このあたりは後の衝鋒隊と似ている。こういう行為が恐れられ、彼ら水戸藩過激攘夷派らは天狗党と呼ばれた。

この頃、江戸の水戸藩邸は過激佐幕派の諸生党が占拠しており、水戸本藩は中間派が実権を握っていた。温厚な改革派で藩の家老だった武田耕雲斎はこの中間派から謹慎を命じられ自宅軟禁の状態に置かれていた。

藤田らが挙兵すると幕府は追討令を出した。江戸藩邸を占拠していた諸生党は追討令に従い筑波山に向かう。この間隙《かんげき》を藩政改革の絶好の機会と捉えた武田耕雲斎は一族を引き連れ水戸を出て江戸へ向かった。ところが諸生党の頭目市川三左衛門は筑波山ではほとんど戦をせず、そのまま無傷の兵を率いて水戸に入り城を占拠してしまった。筑波山の挙兵は結局のところ諸生党に利用され、天狗党は行き場を失うことになってしまった。

武田耕雲斎は諸生党が残る江戸藩邸にも行けず、また市川らに占拠された水戸城にも戻れずまったく進退が窮まってしまった。そこを藤田が巧みに誘い一族もろとも天狗党に引き入れた。武田が天狗党の主将になったのはこういう経緯による。こうして行き場所を失った天狗党は当時禁裏御守衛総督として御所を守っていた斉昭の子、一橋慶喜を頼って京を目指した。

流浪と壊滅

十一月一日、天狗党は千の軍勢で追討軍の囲みを破り信州へ向かった。和田峠―下諏訪―揖斐と来たところで彦根藩、大垣藩などが街道をふさいでいることを知り北に迂回《うかい》して越前に向かった。彦根藩は主君の恨みを晴らそうと天狗党を待ちかまえていたのだ。下野を出て既にひと月以上がたっていた。越前は雪の中だった。

この時点で天狗党が知らない事実が二つあった。一つは彼らが目指しているはずの一橋慶喜は畿内守護の名目で兵を率い北近江の海津（現マキノ町）まで出張っていたということだった。もちろん、その目的は天狗党の討滅に他ならない。

いまひとつは天狗党に並々ならぬ敵意をもって追捕する男の存在だった。その男は田沼玄蕃頭（意尊《おきたか》）といい、天狗党追討の幕府軍総督だった。田沼は囲みを破って西走した天狗党を追っており、しかも追討の許可を慶喜に求めていた。

このような状況下で天狗党は越前敦賀に入った。ここで天狗党との交渉役になったのは加賀藩士永原甚七郎という人物だった。永原は一橋慶喜が兵を率いて近江まで来ていることを告げ降伏を勧める。とかく礼節をもって天狗党を遇する永原に対し慶喜は「早々手はずのうえ残らず討ち取れ」と追討の催促状を下している。武田耕雲斎は万事が窮したことを知り藤田らを説得して降伏する道を選んだ。十二月十七日のことである。

永原は投降した者を三つの寺に分け、あくまで武士として遇した。ところがここへ田沼玄蕃頭がやって来る。もちろん、慶喜の許しを得てのことだった。田沼は加賀藩から天狗党の処置について一切の権限を移譲させた。永原の手を離れた天狗党は直ちに（鰊《いわし》）倉に押し込められ腐敗した魚と用便の発する悪臭、そして凍えるような寒さの中で死を待つことになる。

後世、大量虐殺者とまでののしられる田沼玄蕃頭だが、一言だけ言い添えておく。

天狗党は当初、資金稼ぎのため刀をちらつかせて多くの商家を襲い、形ばかりの証文を書いて多額の現金を奪い、逆らう者は容赦なく殺して、揚げ句に徳川家の聖地である日光東照宮にまで押しかけた。これは当時の価値観で言えば明らかな不敬罪にあたり幕臣から見れば謀反になる。他にも強姦《ごうかん》、暴行、窃盗、殺人ありとあらゆる犯罪行為を「尊皇攘夷」の名の下に行ったと思われる。この関東での惨状を目の当たりにしてきた田沼にとって永原のとった礼節は感覚的に受け入れられなかったのだと思う。「違うだろ?」という思いである。武田耕雲斎などは慶喜からすれば父の側近という感情が絡むかもしれないが――実際は絡んだように思えないが――田沼にはそんなことを斟酌《しんしゃく》する義理はない。田沼のしたことは天狗党がしてきたことの裏返しで、質的にも量的にも大きな差はなかったのだと思う。

こうして天狗党とひとくくりにされた水戸藩攘夷派は越前の地で壊滅する。捕縛された八百二十八人のうち実に三百五十二人が首をはねられた。実際に首斬りをしたのは主に彦根藩士だった。一般には敬遠される首斬り役だが、このときの彦根藩士は率先して志願したという。報復の応酬、恨みの連鎖とはこういうことをいうのだろう。維新の墓標とは、まさにこの恨みの連鎖が招いた結果に他ならない。天狗党の事件はそのまだほんの入り口にすぎなかったのだ。

諸生党、越後へ

天狗党が壊滅してからおよそ三年後の慶応三（一八六七）年十二月九日、王政復古の大号令が発せられた。この時水戸藩の藩政を握っていたのは過激佐幕派の諸生党だった。

翌年一月に鳥羽伏見の戦いが始まると朝廷は諸生党に対し追討令を出した。水戸での勢力基盤は瞬く間に揺らいで諸生党はたちまち勢力を失う。天狗党の乱に乗じて城を占拠されて以来、中間派はおよそ三年ぶりに主導権を奪い返した。

諸生党は佐幕派というだけで、刀を抜いて事を決しようとする態度は本質的に天狗党と変わらなかった。中間派は過激な諸生党を嫌い排撃の動きにでる。そこへ畿内警備のため京都に駐屯していた攘夷派の本圀寺党《ほんこくじ》が戻ってくると伝えられ諸生党は情勢の不利を察して水戸を脱出する。このあたりは天狗党のときとよく似ている。市川三左衛門、佐藤図書、朝比奈弥太郎らに率いられたおよそ五百人の門閥派藩士が会津へ向かった。この脱藩浪士のことを市川勢《いちかわぜい》と呼ぶ。市川勢はやがて会津から越後の地にやって来て新政府軍と戦うことになる。

市川勢の頭目、市川三左衛門（弘美《ひろとみ》）は文化十三（一八一六）年の生まれなのでこの年（明治元年）は五十三歳だった。家禄は千石。門閥派の重鎮で尊皇攘夷の激派と激しく対立した。性格に苛烈なところがあり、忠義の人でありながらいまだに悪人として描かれる背景には水戸に残された天狗党の家族を牢に閉じ込め幼子、老人まで処罰したことにある。市川らが水戸を出た後、戻ってきた本圀寺党によって今度は諸生党の家族が同じ目に遭った。これもまた報復の応酬、恨みの連鎖ということになる。

市川から見れば天狗党ら尊皇攘夷の激派は徳川御三家という立場もわきまえず幕府に盾突き水戸藩の存続すら危うくした大逆臣たちだという考えがある。謀反人には死を、という条理は門閥派の責任者からすれば当然なのかもしれない。だが時代は徳川から離れ始めていた。市川は処置を誤ったのではなく、政治を行う者として時代を見誤ったのだと思う。

脱出した市川勢をそのままにはしておけず、水戸藩中間派は会津まで追討の兵を差し向けたが会津に断られやむなく撤兵する。会津は市川勢に越後へ行くよう指示した。越後は会津が守りを固める前線だったからだ。

三月二十三日に野沢を発つと翌日には津川に、二十九日には水原代官所に入り、ここで九日間を過ごして四月八日、新潟湊に到着した。この時新潟にはあの衝鋒隊がいた。「また新手がやって来たぞ」。新潟町民の恐怖はピークに達したことだろう。

衝鋒隊は河井継之助に説得されて翌日には新潟を出てゆく。市川勢はなおも六日間滞在して、その後内野、赤塚、弥彦に立ち寄り十六日に寺泊に入った。

この間、江戸城は無血開城になり新政府軍は戦うことなく入城した。慶喜は蟄居《ちっきょ》謹慎のため水戸へ向かい、大鳥圭介ら抗戦派勢力も江戸を去った。戦いの目標が会津と会津にくみする勢力に絞られていった半月だった。

市川勢は資金調達のため一部が佐渡に渡り、また一部が出雲崎へ向かった。出雲崎代官所を占拠し拠点とするためだった。

閏四月六日、市川三左衛門は二百人を引き連れ出雲崎に入った。だがこの時もまた衝鋒隊がいた。隊の大半は柏崎を目指して既に町を出ていたが相変わらず金品強奪を繰り返していて残留組が出雲崎代官所に千両の献納を迫っていた。

市川は代官所留守居役篠原仙之丞に代官所の明け渡しを要求した。受け入れれば衝鋒隊の献金など拒否してかまわないし、もちろん治安の維持にも努めると約束した。

新潟奉行所もそうだったが、この頃代官所に代官が赴任しているケースはほとんどない。篠原も代官の留守居役だった。それでも篠原は即答を避け代官所を守ろうとしていた。既に江戸が新政府軍の支配下になっている状況下で衝鋒隊と市川勢を相手に命懸けで交渉し職務を全うしようとしていたのだ。見上げた忠義心だと思う。

翌七日、衝鋒隊は献納金の要求を諦め本隊の後を追って柏崎へ向かった。だが今度は会津藩が介入してくる。有賀円次郎という藩士がやって来て「水戸は理不尽だから会津が代わって警護する」と迫ったのだ。幕府はすでに消滅しているので天領だった出雲崎の管理は会津が担っていた。篠原がどんなにがんばっても会津の言うことには逆らえないし、実際のところ守るだけの人員も足りなかった。話し合いは長時間に及び、結局市川勢が代官所を守ることになった。篠原は泣く泣く明け渡しに応じたという。

間者の暗躍

市川三左衛門が出雲崎で交渉に当たっていたころ、寺泊では一つの事件が起きていた。

市川勢が宿泊していた宿屋の前に博徒風の男が馬に乗ってやって来た。どこか博徒らしくないので通りかかった目明しが男を不信に思い尋問を始めた。宿にいた隊士たちも出てきて男を取り囲み、押し問答の末宿に連行した。

男の名は富山弥兵衛といい薩摩出身の間者だった。

富山は伊東甲子太郎の推薦で新撰組に入隊し、伊東が御陵衛士になると行動を共にした。伊東は油小路で新撰組に暗殺されるが、富山らはその復讐として近藤を伏見に待ち伏せして鉄砲で襲い右肩に大けがを負わせた。

この時は黒田了介に越後の探索を命じられていた。恐らくこうした役目を絶えず負わされていた人物だったのだろう。

富山は柱に縛られていたが逃げ出し、出雲崎の吉水村まで逃げたが追いつかれ、ここで追っ手と斬り合いになり最後は田んぼに足をとられたところを槍《やり》で突かれて絶命した。富山の亡骸《なきがら》は村人によって近くの教念寺に葬られた。他に金谷山（上越市）の医王寺にある薩藩戦死者墓の陶板にも名が刻まれている。

間者は何も新政府側だけでなく水戸藩にもいた。「脱奸踪跡探偵書《だつかんしょうせきたんていしょ》」という報告書の一部が残っている。水戸藩の密偵が市川勢の動向を追い藩庁に報告したものである。それによれば「市川三左衛門ら四百人余りはそれぞれ槍や鉄砲を持参し（中略）八日に新潟に至り十四日まで滞留して会津の西郷源五郎と談合ののち千両ほど借用（中略）市川勢の宿泊料、その他道中費用については会津から水原までは会津藩が支払い、そこから先は市川方が出したもよう（後略）（現代語訳筆者）」となかなか詳細に書き記している。この報告書からも市川勢と会津藩が密接な関係にあったことがうかがえる。書いたのは磯部秀之助という人物だが、藩内でどういう立場だったのかはよく分からない。つまるところ間者とはそういう者なのだろう。

こうして市川勢は会津藩の保護のもと寺泊や出雲崎に拠点をつくった。その出雲崎から南西に約四里半、桑名領柏崎には佐幕派で歴戦のつわものたちが拠点を築いていた。

桑名藩強硬派

鳥羽伏見の戦いの後、新政府軍がまず標的にしたのは桑名藩だった。桑名藩主は松平定敬という高須藩四兄弟の一人で会津藩主松平容保の実弟だった。定敬は京都所司代として兄容保と共に幕末の京都を守った。そのことで特に長州の深い恨みを買った。新政府は徳川慶喜を朝敵の筆頭に、次に容保を、そして三位に定敬を指名して追討令を出した。京に最も近かった桑名藩は追討の最初の攻撃目標にされたのだ。

このころ定敬と主力部隊ともいえる佐幕派藩士たちは慶喜、容保に従って江戸にいた。一月十八日というから鳥羽伏見の戦いから半月ほどで桑名追討令は発せられた。二千五百の兵が二十二日には四日市に入っている。留守部隊は協議の結果開城を決め、前藩主定猷《さだみち》の遺児でまだ十三歳だった萬之助（後の定教）を出頭させた。

江戸はまだ「戦はこれから」という雰囲気だったが、徳川家存続を第一に考える恭順派勢力は戦争の全責任を会津藩に負わせ、戦える部隊という部隊を江戸から遠ざけるよう画策していた。これは衝鋒隊の項でも書いた通りだ。慶喜はここで手のひらを返す。二月になって容保には会津への帰国命令を出し、既に帰る城を失っている定敬には深川霊巌寺での謹慎を命じた。

ところが定敬はこういうことにおとなしく従う性格ではなかった。謹慎中もひそかに寺を抜け出し富岡八幡宮（別名深川八幡）で山脇十左衛門や立見鑑三郎といった藩の抗戦派と会合していたのだ。これを知った恭順派で若年寄の大久保一翁は定敬に飛び地の多くある越後に移ることを勧めた。こうして定敬は百人の桑名藩士に守られプロシア船「コスタリカ号」で越後へと向かう。同じ船には長岡藩の河井継之助が米と銅銭を積んで乗っていた。三月十六日のことである。定敬を守る百人は本藩に倣い新政府に恭順すべきという恭順派が中心だった。

柏崎へ

定敬は柏崎に入ると大久保の勝願寺に謹慎した。剣野《けんや》に屋敷が用意されていたが新政府の目を気遣ってのことだろう。江戸で定敬を守っていたのは主に新政府への恭順を主張する家臣たちだった。定敬を戦に巻き込みたくない彼らは抗戦派家臣との接触を極力避けようとしていた。そのため山脇や立見らとは連絡がうまくとれず、そのせいで抗戦派六百人の大半は彰義隊や大鳥圭介の伝習隊に入って新政府軍と戦っていた。恭順派は争乱の関東から定敬を遠ざけようと柏崎を目指したのだが結果は逆になってしまった。

定敬が柏崎に移ったことを知ると大鳥軍の一員として宇都宮城奪還のため戦っていた藩士のうちまず八十人が会津経由で柏崎に向かうことになった。四月二十九日のことである。

定敬は山脇らと謀って恭順派を説得し会津、長岡と共に戦う決意を固めていた。このことを書状で知った大鳥軍の残留組は、少数派の抗戦派が暴発し恭順派と抗戦派が争いになることを危惧して慌てて柏崎へと向かった。動いたのは立見鑑三郎、町田老之丞（立見の実兄）、杉浦秀八、馬場三九郎、大平九左衛門など抗戦派の中でも特に中心的な家臣たちだった。一行は津川で小舟を購入し阿賀野川を下って新潟に行き閏四月十二日柏崎に着いた。

だが、立見らが危惧したことはそのほんの数日前に現実のものとなっていた。家老の吉村権左衛門が斬られたのだ。

閏四月三日夕刻、山脇十左衛門の子隼太郎と高木剛次郎が吉村を襲い斬った。吉村は付き人を連れ柏崎陣屋から定敬のいる勝願寺に向かう途中だった。付き人は山脇に指二本を落とされ逃走、吉村は左右両方の肩からそれぞれ袈裟《けさ》懸けに斬られて絶命した。家老職にある者らしく温厚な性格で、将軍慶喜が謹慎恭順している状況で新政府と戦う愚を説き定敬に自重を促していた。それが山脇ら若い抗戦派には目障りだったのだろう。吉村は西本町妙行寺に葬られ今も墓が残っている。廟は勝願寺にあって戊辰戦没者と合葬された。

吉村の墓がある妙行寺は柏崎征圧後に新政府軍が本陣を置いた寺である。本堂には加賀藩士が書いたとされる落書きが残っている。読み取れるのは「仁和寺宮御旗　本兵隊三番分隊休」と「御札」（現在、礼は読めない）の二カ所でいずれも意味は不明だ。不明だから落書きなのだろう。境内には加賀藩戦死者の墓もある。

ちなみに吉村を斬った二人は抗戦派藩士に守られ会津へ落ちた。その後箱館で終戦を迎え、山脇は三菱の社員となり後に長崎造船所の初代所長になる。また高木は渋沢栄一の目に留まり後に東京商法講習所（現在の一橋大学）の創設に携わる。二人とも生き延びて後世その持てる才覚を国のために示し使うことができた。「生きているだけで儲《もう》けもん」とはこの時代にできた言葉なのかもしれない。

吉村の死で恭順派は勢いを失い、立見らも到着したので定敬は憂慮を捨てて抗戦の道を選ぶことができた。だが抗戦と決まると今度は家臣たちがいろいろと気をまわす。城もなく前線に近い柏崎にいては定敬の身が案じられる。そこで定敬を同じ飛び地の加茂に移すことにした。自分たちは後顧の憂いなく万全の態勢で新政府軍を迎え撃つ、そう考えたのだろう。

三百人を超える桑名軍を統括する軍事方総裁の職に就いたのは服部半蔵という家老だった。服部は斬殺された吉村権左衛門と同じく恭順派の代表格だったが、服部自ら「どうしても新政府と戦うというのなら自分も同じ桑名藩士であるから共に戦いたい」と希望したという。家老で恭順派の服部が総裁職に就けば藩論が一つにまとまったことを内外に広く喧伝《けんでん》できる。主戦派の山脇にしても大いに歓迎したことだろう。

余談だが服部半蔵は、徳川家康の伊賀越えを助けた服部半蔵正成から数えて十一代目の子孫にあたる。名を正義といった。

正成の長男政就は大坂の陣の後行方不明になった。そこで弟の正重が服部家を継ぎ、各地を流転の後、桑名藩に二千石で召し抱えられた。どうも行方不明になった兄正就の妻が当時の桑名藩主松平定勝の姉だった関係から厚遇を受けたらしい。服部家は代々家老として桑名松平家に仕えた。

その服部半蔵が軍事方総裁となり、軍事奉行には山脇十左衛門、小寺新五右衛門の二人が就いた。部隊は三つに分けられ、それぞれ雷神、致人、神風と名付けられた。またそれとは別に大砲隊がつくられた。

雷神隊の隊長には立見鑑三郎が、致人隊は松浦秀八が、神風隊は町田老之丞が、大砲隊は梶川弥左衛門が任じられた。総勢三百六十人、いずれも歴戦のつわものたちで、まさに精鋭部隊だった。

柏崎には桑名兵のほかに出雲崎から水戸の市川勢が、そして再編成された衝鋒隊が加わって抗戦の態勢を固めていた。この歴戦の兵たちをたたきつぶそうと新政府軍が海道沿いに迫っていた。その主力は長州、薩摩、富山、加賀の各藩だったが、高田藩が疑いの目を向けられつつ先兵の役目を負わされていた。

攻める方も迎え撃つ方も、共に深く傷つき、それぞれの道を選んだ藩ばかりである。高田藩は敵の矢面に立ちながら、味方の槍で背中を小突かれる先兵という役目を負わされた。高田藩は榊原という幕府先鋒隊の役目を捨て新政府軍の前線部隊となって戦う道を選んだのだが、その代価は決して安くないものだった。

第三章　高田・桑名・会津——それぞれの戦い

慶応四（一八六八）年七月二十五日、新政府軍は松ケ崎（現在の北区松浜）のやや北方、阿賀野川河口東側の太夫浜におよそ千二百人の兵を海上から上陸させた。この時の新政府軍の服装について地元の古老が述懐した口書きが残っている。それによれば「散切《ざんぎ》り頭に韮山笠《にらやまがさ》、段袋（ズボンと袴の折衷品）に草鞋《わらじ》履き、紐《ひも》付きのゴザ弁当（胴乱）に弾薬百発くらいを携帯していた」（戊辰古老談、平松宇太郎氏、嘉永六＝一八五三＝年太夫浜生まれ、より）という。軍服は黒の筒袖（詰め襟）で恐らく担いでいた銃はエンフィールド銃だろう。これが新政府軍の標準装備だったと思われる。

高田藩―遠征の始まり

これよりおよそ三カ月前の閏四月十七日、高田には長州、薩摩をはじめ加賀、富山、信州諸藩の兵たちが続々と集まっていた。兵の服装、装備は古老の談の通りでその数総勢四千人。高田藩の軍制改革は緒についたとはいえ藩士も町民も見慣れぬ服装と人数に圧倒されたことだろう。それがまた城の広場で演習など行うのだ。大部隊が一斉に発する鉄砲の爆音は、聞けば跳び上がるほどの大音量で町民の度肝を抜いたに違いない。こんな連中と戦をして勝てるわけがない、刀と槍の時代がとっくに終わっていることを改めて思い知ったことだろう。

高田に入った諸藩の兵は現在の本町から寺町にかけての寺院に分宿し、会所は極楽寺（高田駅裏の樹得寺）に、病院は来迎寺に設営した。十九日には参謀黒田了介、山県狂介が到着し、既に新井に滞陣していた東山道軍軍監岩村精一郎も加わって軍議が開かれた。

この頃会津は東北諸藩と奥羽列藩同盟を結び、飛び地の越後に千人の兵を送って小出嶋（小出）と小千谷を拠点と定め、小出嶋陣屋の兵には三国峠を、小千谷陣屋の兵には雪峠をそれぞれ守らせた。また二つの陣屋には衝鋒隊の生き残りが、柏崎には桑名兵が、出雲崎には市川勢が駐屯し、北から米沢、庄内の各藩兵が越後国境を越えていた。

軍議の結果、新政府軍は敵軍の配置を受けて四千の兵を二つに分けた。本隊は海道沿いに進んで柏崎を攻略し長岡へ向かう。支隊は松之山を通って小出嶋、小千谷を攻略し信濃川を渡って榎峠から長岡を目指すという作戦に決まった。

閏四月二十一日、海道軍は薩摩、長州、加賀、富山など六藩が主力の二千五百の兵力で柏崎を目指し、山道軍は信州諸藩、尾張、加賀に薩長軍を加えた千五百の兵力で進撃を始めた。高田藩は家老竹田十左衛門の大隊が海道軍の、榊原若狭の大隊が山道軍の先鋒を努めた。他に伊藤弥惣《やそう》が黒岩（現柿崎区黒岩）口から、村上彦太郎が谷根《たんね》（現柏

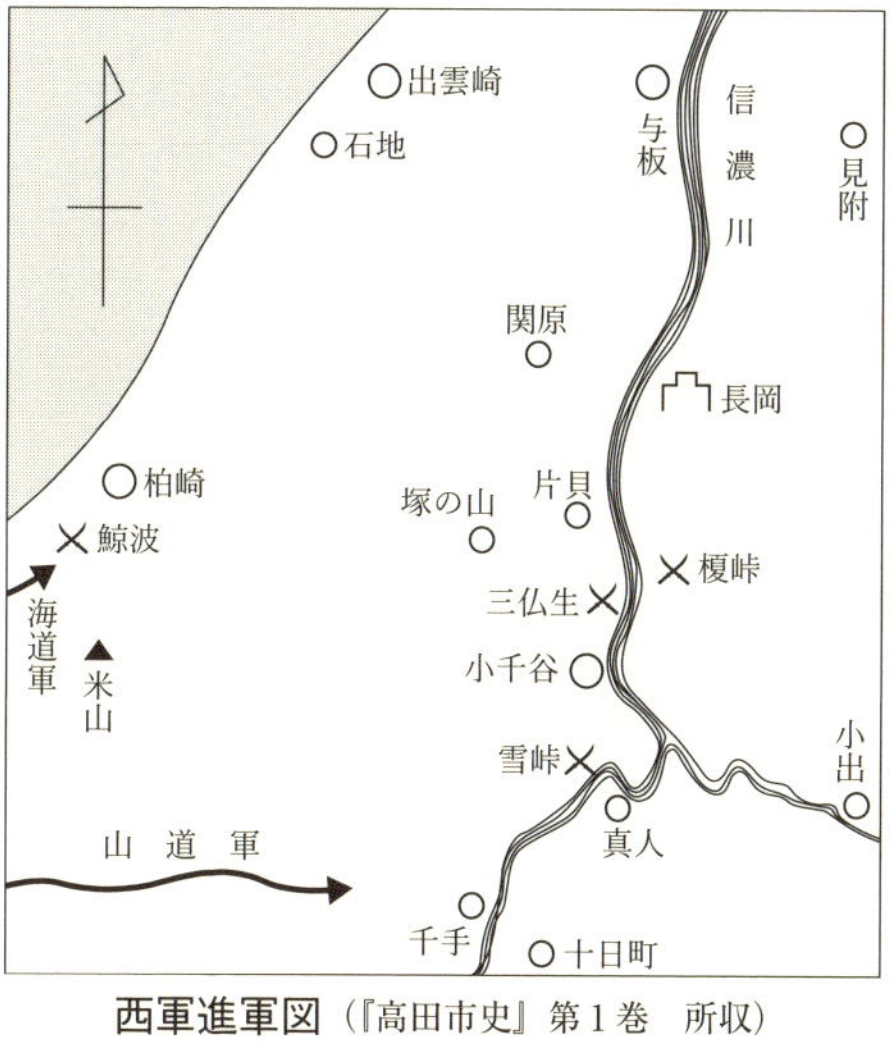

西軍進軍図（『高田市史』第1巻　所収）

崎市）口から進んでそれぞれ海道軍に合流した。

北越戦争で高田藩は先鋒として多くの人、物、金を供出し消耗した。この藩の消耗は戊辰戦争にとどまらない。これより二年前の第二次長州征伐では彦根藩と共に幕府軍の先鋒を命じられ芸州口を攻めて長州軍の火力を目の当たりにしている。この時も大坂での長滞陣、それに伴う士気の低下、幕府軍内の連携不足などが重なって莫大《ばくだい》な額の金と物と人を浪費している。多くの人材、資材を提供しながら、世間からは弱腰だの裏切り者だのと陰口をたたかれ、まともな評価も受けていない。

衝鋒隊の項でも述べたが、高田藩は衝鋒隊の領内通過を認めたばかりに同盟軍寄りと疑われ、信州からやって来た東山道軍の参謀に恭順か否かの踏み絵を踏まされた。新政府軍への加入が踏み絵を踏んだ結果だったため越後の中の戦闘は常に先鋒の役目を担うことになった。状況次第では突然後ろから撃ってくるかもしれない、と疑われたのだろう。高田兵の心中は決して穏やかではなかったと思うが、半ば開き直った彼らは苛烈なまでの戦いぶりを見せることで鬱積《うっせき》した不満を吐き出していたのだと思う。山県はこの戦争の回顧録「越の山風」の中で度々高田兵の戦いぶりについて触れ、責めたり褒めたりを繰り返している。先鋒隊としての高田藩の戦果が戦の勝敗を左右するほど重要だったことが伝わってくる。新政府軍の越後における緒戦の勝利は高田藩を味方につけたことが大きな要因になっており、その裏返しとして会津の苦境があったのだと思う。

柏崎の攻防戦―鯨波の戦い―

二十六日深夜、海道軍二千五百はふた手に分かれ一隊は青海川、もう一隊は山側に陣を置いた。

一方同盟軍は水原陣屋から会津兵が四十、高田から逃げ戻った衝鋒隊の一部が二百、出雲崎から市川勢が六十、そして桑名諸隊が四隊で三百六十、合わせて六百六十の軍勢がイサザ川の手前に布陣し、さらに砲三門を向山と小河内山に据えて新政府軍の来襲に備えた。

立見は小河内山に登って鉢崎の方向に展開する篝火《かがりび》の動きを監視していた。物見役三人を鯨波の西の外れまで偵察に出し「新政府軍に動きがあったら民家に火を放て」と命じた。

果たして火の手があがったのは日付が変わった二十七日の明け六つ（朝五時くらい）だった。

民家に火を放つという行為は中世以降の合戦では度々用いられた戦法で、狼煙《のろし》の代わりや敵兵のあぶりだし、あるいは撤兵の際の食糧や武器を残さないための手段として当たり前に行われていた。立見が命じたことは当時の武士としては戦の一手段として普通の行為で、当人に罪の意識などはまったくなかったと思う。

ところが農民や町民の意識は太平の世が長く続く間に大きく変わり、家や村を焼かれることを当たり前とは思わなくなっていた。この意識の変化を足軽や軽輩の出身者が多い薩長軍の指揮官たちは敏感に感じ取っていた。新政府軍は戦略上有効と判断しない限り家や村や町を焼くことには慎重だった。武士だけで戦っている同盟軍はそこに考えが及んでいない。この認識のギャップがやがて自分たちを追い込んでゆく大きな要因になることを、この時はまだ立見のような優秀な指揮官でさえ気付いていなかった。

燃え盛る民家の炎を合図に同盟軍は迎撃態勢を整えた。前日からの雨が降りやまぬなか新政府軍の四ポンド山砲五門が火を噴いて戦闘が始まった。

現在のＪＲ鯨波駅の南側は緩やかな丘陵地で向山と呼ばれていた。この山を背に北から順に致人隊、神風隊、雷神隊、会津、水戸、衝鋒隊の一部が布陣し砲一門を山の上に設置した。また現在御野立公園になっている鬼穴岩に砲一門、その山上に服部半蔵が砲一門と三十九人の兵を従えて司令部を構えた。

一方新政府軍は現在の龍泉寺のあたりに北から順に加賀藩、薩長軍、高田藩、富山藩、長府藩という並びで布陣し、その背後、妙智寺の境内を挟むように大砲五門を設置した。総勢二千五百、兵力も火力も同盟軍を圧倒していた。

鯨波鬼穴山上の桑名藩司令部跡から日本海を望む

この頃の鯨波は漁師町といっても民家はまばらで言ってしまえば寒村に近かった。それが突然の砲撃音を合図に小銃と大砲の砲弾が飛び交う修羅場と化したのだ。住民の恐怖はいかばかりだったろう。

戦いは銃撃と砲撃が中心だった。弾数で圧倒的に勝る新政府軍はとにかく雨霰《あられ》のように銃弾と砲弾を敵陣地にたたき込んだ。対する桑名兵は地理的な優位性をフルに生かし山上の三地点から大砲を的確に撃ち込んだ。

やがてミニエー銃の扱いに慣れていない加賀藩の弾切れがはじまった。恐怖にかられやみくもに弾を撃ちまくったせいだった。この隙を突いて町田老之丞率いる神風隊が斬り込みをかけた。敵陣の中での孤立を恐れた町田は突出を避け適当なところで退却したので、潰走《かいそう》こそ免れたものの加賀兵は多くのけが人と五人の死者を出した。

抜刀斬り込みを最も勇敢に敢行したのは立見鑑三郎率いる雷神隊だった。イサザ川の浅瀬を渡り薩長軍、高田藩兵を襲った。刀と鉄砲、接近戦において鉄砲は刀のスピードにはかなわない。もともと武士ではない薩長軍は斬り込み隊が刀を振り上げ迫ってくるとどうしても腰が引けた。これを助けたのが高田藩兵だった。雷神隊は多くの戦果を上げたがやはり敵中での突出を警戒し相手を潰走させるまでには至らなかった。

その後再び銃撃、砲撃戦になり戦線は膠着《こうちゃく》状態に陥る。午後に入り服部半蔵は部隊を平地から小河内山に移して、作戦を山上からの銃撃、砲撃に切り替えた。七つ刻（午後四時ごろ）になり長州の軍監三好軍太郎が青海川以西までの撤退を命じ、この日の戦闘はひとまず終了した。同盟軍は五倍近い兵力を相手によく戦い実質的には勝利した。ところがこの時、柏崎陣屋から会津の早馬が到着する。

「まことに無念ながら当会津藩は本日早朝、小出嶋、小千谷の両陣屋を官賊に奪われたもよう」という報告だった。長州の三好もこの事実を知っていたので無理押ししなかったのだろうとすぐに察しがついた。小出嶋、小千谷を占領した新政府軍が援兵を送れば柏崎の同盟軍は退路を失い敵中に孤立する。同盟軍は勝利を収めながらも柏崎を放棄せざるを得なくなった。この後すぐに妙法寺村の超願寺に向けて撤退を始めた。激しい雨の中、悔しい思いを胸に妙法寺村への道を歩いたことだろう。桑名軍は超願寺で態勢を整えたあと、五月九日に長岡へ入る。

上越市金谷山にある西軍墓苑

小河内山の後ろ、現在の東の輪海岸の丘の上には桑名藩士駒木根元一の墓が残っている。駒木根は神風隊にいて抜刀斬り込みをかけた際に深手を負い同僚の介錯《かいしゃく》を受けて死を選んだ。また妙法寺村超願寺の墓所には当寺までたどり着いて後に亡くなった桑名雷神隊三宅厚の墓が残っている。この戦いの新政府軍側の被害は戦死者が薩長七人、高田三人、加賀五人の計十五人で負傷者は推計で六十九人にものぼった。これに対し同盟軍は死者四人、負傷者六人で五倍近い兵力を相手に戦った割に被害は抑えられた。戦がまだ武士の戦いの範疇《はんちゅう》だったからだろう。だがこの戦いを境に北越戦争は物量作戦、消耗戦の様相を呈していく。

では、無類の強さを見せた桑名軍が撤退せざる得なくなった山道軍の戦いとはどういうものだったのだろう。この日より三日前の閏四月二十四日まで時間を戻したい。

道の攻防戦—大般若坂

新政府軍は道を確保しようとしていた。会津の補給路を断ち、自分たちの補給路を確保する。新潟湊を攻略し武器弾薬の補給を遮断する。そのために越後の奥深くまで入り込もうとしていたのだ。

関東と越後をつなぐ道は主に北国街道（信州路）と三国街道（上州路）の二つで、北国街道の方は東山道軍が既に管轄下に置いていたので次は三国峠の確保だった。

ひと口で会津の補給路を断つといっても越後と会津をつなぐ道は間道も含めると数が多い。だが多く使われていたのは小出から只見を抜ける六十里越と下田から奥只見に抜ける八十里越、そして津川を通る会津街道の三本だった。六十里越を断つには小出を、八十里越を断つには長岡―栃尾―下田を、会津街道は新発田を落とさねばならない。西からやってきた新政府軍は小出、長岡、新潟、新発田の順で攻略を考えていたと思われる。それもこれも会津を孤立させるため、目的はその一点にあった。

江戸時代以降、越後国内から関東へと抜ける道は三国街道が本道になった。大政奉還のあと会津藩は魚沼を幕府から預かり地として譲り受けた。それは取りも直さず三国峠の支配権も譲り受けたことになる。魚沼を失うことは小出の支配権を危うくすることになり、会津としては三国峠を守ることが越後からの補給路を守ることだった。

高田に駐屯していた新政府軍が二手に分かれて進軍を始めたその同じ日に、三国峠では上州に駐屯していた東山道軍千百人のうちの先遣隊二百と会津軍二百との間で最初の衝突が始まっていた。

会津軍は二百といっても正規兵は五十人余りで、あとの百五十人は各村から徴発した郷兵を加えたにすぎない。実際に新政府軍と戦えたのは五十人とあと少しだったと思う。

会津軍は峠を少し上州側に下った大般若坂に陣を敷き、三寸釘《くぎ》を打ち抜いた板を道に伏せ逆茂《さかも》木《ぎ》の柵を造った。この日の戦いは新政府軍の先遣隊が逆茂木の柵を突破できず、その間に会津軍から一斉射撃を受けてあえなく撤退した。

この敗戦で敵陣の概要を知った新政府軍は永井宿から本街道を行く本隊と、法師温泉を経る小隊と、間道を行く高崎藩の軍の三つに分け三方から大般若坂に襲いかかった。これが二十四日の未明のことである。同じ頃、高田を出発した山道軍は十日町から八箇峠を越え六日町に入ろうとしていた。

三国峠守備隊の隊長は小出嶋陣屋の奉行で町野主水（源之助）といった。越後各地を転戦し、佐川官兵衛が会津へ戻った後は最精鋭の朱雀士中四番隊を佐川に代わって率いた。明治まで生き残り、後にさまざまな逸話を残す人物である。戦は激戦になり主水の弟、久吉が戦死した。墓は永井宿に残っている。また、この時久吉が持っていたとされる槍は今も鶴ケ城に展示されている。

山道軍が六日町に入ったという知らせを聞き三国峠の守備隊は戦意を失い、大般若坂の陣地を放棄して小出嶋陣屋まで引き揚げた。この際もまた会津兵は浅貝と二居の民家に火をかけ宿をことごとく灰燼《かいじん》に帰させている。敵に利させないためという理由だけで当たり前のように無意味な災害を与えるのである。この行為は瞬く間に小出や小千谷へも伝わった。農民や町民は厳しい年貢の取立てに遭い、銭の徴収に遭い、郷兵の徴発に遭い、揚げ句に強奪、焼き討ちまで受けるのだから当然のことながら会津兵を強く憎んだ。その恨みつらみは会津軍を思わぬかたちで敗戦に導くことになる。

道の攻防戦―雪峠の戦い

小千谷市の中心部を走る国道二九一号はいわゆる崖の尾根にあたる部分を整地した道である。小千谷は信濃川とその支流が造った河岸段丘の上にできた町で、例えば現在の小千谷病院の裏口はそれこそ急峻《きゅうしゅん》な崖になっていてその高低差は五十〜六十メートルにもなる。崖の下に住む住民は国道に出るのに、この高低差を行き来しなければならないのだからさぞ大変だと思うが、町の形態を楽しむという視点のみで見れば小千谷市街は興味が尽きない。幕末、小千谷陣屋はその崖の下にあった。現在は老人介護施設の建物が立っている。信濃川から揚がる物資の運搬には低地の方が適していたのだろう。

小千谷陣屋が管轄する土地は主に幕府からの預かり地だった。陣屋には代官の高橋伝八をはじめとする数人が勤番していた。そこへ井深宅右衛門ら会津本藩から派遣された九十七人がやって来る。これが三月二十九日のことだった。さらにそこからひと月の間に会津藩越後口総督一瀬《いちのせ》要《かなめ》人が率いる百五十人が、衝鋒隊の生き残り四百人余りがやって来て手狭な陣屋は大騒ぎになった。

預かり地の領民に対する会津藩の行政は極めて画一的で、税金や課役は享保の頃に定められたものをそのまま踏襲していた。つまり預かり地になった時点の課税基準が幕末のこの時期もそっくりそのままになっていたのだ。

例えば大工役は享保時代の大工の人数で固定化され、幕末のA村では既に大工は住んでいないにもかかわらず村人は何世代にもわたって享保に定められた大工役を負担し続けていた。逆にB

雪峠に立つ明治緒戦激闘之碑

村は幕末には大勢の大工が住んでいたが、享保の頃はいなかったので課役は幕末においても負担なしとされていた。会津藩にしてみれば要はトータルで収入が合えばそれでよく、飛び地の個々の事情など全く斟酌《しんしゃく》するに及ばなかったのだろう。

このような個別的な配慮をまったく欠いた飛び地政策は、当然のことながら魚沼の領民に会津藩主やその家臣への尊敬や敬慕などをおこさせることはなかった。大般若坂の戦いで百五十人の郷兵がほとんど戦力にならなかったのは、農兵というだけではなく、そもそも会津のために命を懸けて戦うという気概そのものが最初から欠落していたためだ。そういった長年のつけが一気に回ってきた戦いこそ雪峠の攻防戦だった。

雪峠は小千谷市街から南に六キロほど行った先で信濃川が造った河岸段丘の崖にあたる。雪峠を通る道は信濃川に最も近い街道で新政府軍の今後の物資輸送を考えれば、どうしても攻略しておかなければならない補給路の要だった。会津軍はこの河岸段丘に縦に塹壕《ざんごう》を掘ってそこへ狙撃兵を配置した。下から登ってくる新政府軍には塹壕の中の狙撃兵はほとんど見えなかったろう。

戦国以来、日本の伝統的な籠城戦の手法は堀とその掘った土で築いた土塁による防御だった。堀は攻め手の侵攻を阻み、土塁は盾となって、その上から弓や鉄砲で応戦するというのが戦のセオリーだった。しかし土塁には決定的ともいえる防御上の欠点がある。それは背中が全くの無防備になるということだ。もし大砲の弾が堀を越えて飛んできて土塁の後ろで炸裂《さくれつ》すると背中を守るものは何もない。鯨波の戦いでも分かるように、この頃の戦は砲撃が戦法の主力になっていた。そこで、砲撃から背中を守るため穴を掘って兵を入れ、狙撃兵は頭だけ出して銃撃を行うという塹壕戦が主流になりつつあった。

閏四月二十六日、即ち柏崎で戦闘が行われる前日の朝からこのあたりで戦端が開かれ、やがて雪峠が激戦地になった。小千谷を攻めた山道軍は高田藩を先頭に尾張、松本、松代の各藩合わせて約五百。薩長を主力とする本隊千は小出嶋へ向かっている。

一方迎え撃つ会津方の戦力は小千谷陣屋に残った会津兵五十人と衝鋒隊の一部百五十人だった。兵数は山道軍分隊の半分以下だったが、峠の上からの砲撃や塹壕からの一斉射撃で、攻め手は峠に近付くことさえ難しい状況になった。雪峠の防御態勢は強固で少なくとも二、三日は持ちこたえられるはずだった。雪峠が抗戦を続けていれば鯨波の桑名軍も鬼穴岩の上を司令部にまだまだ戦えたはずで、そうなれば新政府軍はもっと早く危機的状況を迎えていたかもしれない。しかし史実はそうならなかった。

同じ日の夕方、山道軍の一隊が雪峠を眼下におさめる裏手の山から鉄砲を撃ちかけた。古田という山あいの集落から回り込んだのだが、いきなり背後を取られた会津軍は混乱に陥った。

前日まで小千谷陣屋に待機していた井深宅右衛門以下九十七人と山内大学以下三十七人はこの日、町野主水の要請で小出嶋陣屋に、また一瀬要人率いる小千谷守備隊百五十人も長岡藩領妙見村にそれぞれ移動していた。一瀬らはこの日、旧幕府領摂田屋で衝鋒隊の古屋作左衛門、さらに長岡藩家老河井継之助を交えて軍議を開いている。この切迫した時期に守備隊が本営を離れてまで話し合わねばならない軍議とはどういう内容だったのか、三人とも戦死、戦病死しているので後に伝わっていないが、主力部隊を小出嶋に回し守備隊を妙見村に移動させても小千谷は守りきれると一瀬は判断したのだろう。塹壕が堅固だったぶん後退して市街戦を戦うという想定は最初からなかったようだ。だが雪峠はたった一日で落ちた。会津軍はがら空きの小千谷陣屋を放棄する以外なく片貝方面に逃げ去った。

雪峠の背後に回る道を教えたのは、このあたりに住む農民だった。会津は義のためと信じて戦っている。だから領民から徴発するのは仕方ないことだと割り切っていただろう。だが徴発される農民の方は「そうですか」とは思わない。武士はどこかの時代で時を止めていて、彼らが理想としている農民は既にどこにもいないのに、いることにしようとしていたのだと思う。農民にしてみれば迷惑千万な話で、戦と言われていろいろ取られ、揚げ句に守ってもらえないのだから彼らに恩義や忠義心などはない。新政府軍から「案内してくれたら給金を払う」と言われれば命を危険にさらしてまで断る理由はないのだ。会津はそこが分かっていなかった。

その点、新政府軍は農民が訓練を受け鉄砲を持って戦っている。こういう領民の機微をよく理解していた。会津は兵力で敗れたのではなく、時代の風を感じ取れなかったから敗れたのである。もし、長岡藩が早い段階で小千谷を預かり地としていたなら、あるいはもう少し違った結果を生んでいたかもしれない。少なくとも小千谷の領民を越後の民として扱ったはずだから、である。

堅固な雪峠の塹壕と小千谷陣屋は一日と持たずに新政府軍の手に落ちた。山道軍の分隊はこの日の夜に小千谷の町に入った。彼らは残党が隠れているかもしれないと主張して町を焼こうとした。戦略上この考えは間違っていない。だが大庄屋の佐藤半左衛門は町を焼かぬよう必死に懇願した。分隊内でずいぶん協議をしたのだろうが結果は大庄屋の懇願を聞き入れ、条件付きではあるが町を焼かなかった。この焼かなかったということが住民に官軍というイメージを定着させる。その官軍が口にする賊徒という言葉は、長い間圧政を強いてきた会津と重なった。裏道を教えたり、米を供出したりしたのも、根底にこういう感情があったからに他ならない。

会津は他国で戦う術《すべ》を知らなかったのかもしれない。徳川家親藩並みという家柄への畏怖を信じようとしていたのだろう。

道の攻防―小出嶋の戦い

小出は破間川《あぶるま》、佐梨川、魚野川が造った砂州の上にできた町である。魚野川の左岸に広がる小出嶋と佐梨川、破間川が合流する四日町の二つの集落が中心になって発展した。

会津が小千谷陣屋の守りを裂いてまでこの地の守りを重視したのは、六十里越の確保と、もう一つは預かり地ではなく旧来の直務地だったからだ。やはり、といっては何だが、会津藩の中で直務地と預かり地とでは重要度に差があったのだろう。だから主力を小出嶋の守りに集中させたのだ。とはいっても精いっぱいかき集めて三百人程度だった。それに対して八箇峠を越えてやって来た山道軍本隊は千人を超えていた。浦佐方面から北上する本隊と川口方面からやって来る小千谷陣屋の分隊とが夜明け前には小出を二方向から挟むように集結していた。

一方、迎え撃つ会津軍は四日町と小出嶋の二カ所に分かれて守備に就いた。小出嶋本隊は井深宅右衛門が、四日町の分隊は町野主水と山内大学がそれぞれ指揮を執った。

雪峠が破られた翌朝、二十七日の早朝に戦いは始まる。ちょうど鯨波でも戦闘が始まった頃だ。

昨夜来の雨が降り続くなか小出嶋では会津兵が村の民家から臼を徴発して魚野川の川べりに並べそれを防塁にして銃撃を行った。豪雨が視界を遮ったせいか、魚野川は雨で増水していたが会津兵は山道軍の渡河を防ぎきれなかった。そこで川岸の守りを放棄して民家に隠れ屋内からの狙撃で抵抗した。やがてどこからともなく火の手があがる。あぶりだされた会津兵は破れかぶれで抜刀斬り込みを行い、銃撃戦はやがて市街戦、白兵戦に変わった。斬り合いになれば数で勝る山道軍の方が有利で小出嶋の会津陣屋は瞬く間に占領された。

四日町での戦いは、町野と山内の率いる会津軍と、尾張兵が主力の山道軍とがやはり魚野川を挟んで銃撃戦を戦っていた。山道軍のもとへ「友軍が小出嶋陣屋を占領した」という知らせが入ると「こちらも負けておられるか」ということになり、尾張兵を先頭に悠然と魚野川を渡り始めた。

既に陣屋は敵軍の手に落ちており、兵の数で圧倒的に不利な会津軍は白兵戦になれば取り囲まれて全滅する他はない。さしもの町野と山内の隊も敵の勢いと気迫にのまれ間もなく総崩れとなり四日町を放棄した。

この時、市街戦の舞台となった小出嶋は百十六軒が焼失した。四日町も三十六軒が焼けている。これは恐らく山道軍による放火で、家屋に潜んでいる会津兵のあぶりだしをしたのだろう。住民はどちらの側も恨んだだろうが、長年の飛び地経営で苦しめられたぶん会津への憎しみはより強かったと思う。

そもそも飛び地とは本領に比べそういう程度の場所で、だからこそ住民の都合などおかまいなしで市街戦を始められるのだ。しかしそこに住む者たちは武士が考えているほど従順でも臆病でもなかった。三国峠、小千谷、小出嶋、四日町と、これら会津が領地としてきた飛び地の連戦連敗は、会津領であったがゆえの敗戦だったように思う。幕府という権威が失われ、長年にわたる領民の恨みを抑えつけるものはなくなった。会津はそのことに気付かなかったし、仮に気付いていたとしても受け止められなかった。新しい時代を感じながらも、その流れに逆らったからこそ敗れたのだ。

この戦いにおける山道軍の死者は十六人、会津軍は十八人と記録されている。だが会津側には他に行方不明者が何人かおり実際の死者はもう少し多かったかと思われる。この一連の戦の結果が同じ日の夕方、柏崎の桑名軍にもたらされたのだ。

山道軍は小出嶋と四日町にわずかな守備兵を残して、あとの大半は小千谷の川東地域に向けて進軍を続けた。

一方、敗走した会津軍は、いったんは散り散りになったものの片貝や小千谷川東地域の山間部で再び集結し、小千谷陣屋を拠点に展開する新政府軍と対峙《たいじ》することになる。この川東地域山間部こそ榎峠、朝日山を含む浦柄地区でこの先は長岡藩領になっていた。新政府軍の関心事は長岡藩の去就へと移ってゆく。

市川勢のその後

水戸の市川勢は鯨波を退却後、いったん出雲崎に引いて、その後五月三日、すなわち長岡藩が参戦して朝日山の攻防戦が始まった日に、妙法寺の西一里半にある椎谷藩の陣屋に乗り込んだ。小藩である椎谷藩は生き残りをかけて新政府側とひそかに内通した。密使を送られた海道軍は六日、妙法寺と椎谷陣屋に総攻撃をかけた。不意を突かれた市川勢は防戦一辺倒になり十七人の死者と七人の負傷者を出して灰爪方面へ撤退した。この時捕まった者も十五、六人いたとされる。戦死者の中には大目付地方三百石の荻昇介、大番組地方二百石磯野長兵衛らの名がある。

またこの二日前には出雲崎で病に伏していた元家老で幹部の佐藤図書が亡くなっている。享年四十四。寺泊法福寺の過去帳にその名が残っている。

市川勢はこの後、灰爪で戦って敗れ六十五人もの死者を出して出雲崎を引き払った。この時の様子が出雲崎夜話で語られている。それによれば、市川勢は、もし陣屋に火を放てばそれが延焼してあるいは長らく厄介をかけたこの町の住民に気の毒な思いをさせることになる、として陣屋の前で形ばかりの焚火《たきび》をしただけで実際は何も焼かずに退却したという。

市川勢は弥彦まで退いたため一時的に海岸線を守る隊がいなくなった。会津は一隊を割いて幕府遊撃隊の生き残りと合流させ寺泊を守らせた。後に水戸の伊藤辰之助隊もこれに合流している。灰爪での敗戦以降の出来事はみな長岡城が最初に陥落した後の話である。市川勢の転戦はまさに流転と呼ぶにふさわしい。市川三左衛門が最後に水戸の講道館へ戻る道を選んだのも、この流転があったからではないかとその心中が察せられる。

佐藤図書が眠る法福寺は日蓮宗の寺で寺泊の高台にある。開山は天平宝字と伝えられるが、文永八（一二七一）年に日蓮が佐渡に配流される途中、海がしけてこの寺に逗留《とうりゅう》し、その際に住職が日蓮に帰依して日蓮宗に改宗したという。法福寺の名もその後日蓮より与えられたとされている。何度も火災や災害に遭い、そのたびに再建を果たした。

佐藤図書の墓は墓というよりは小さな塚である。高田の金谷山や小千谷の船岡山公園にある官軍の墓碑が墓だとするなら、佐藤のそれは標《しる》しのようなものだろう。言い伝えによれば寺泊が海道軍の手に落ちたあと、数人の兵がやって来て佐藤の墓を暴きそのまま放置して去ったという。寺の住職がこれでは気の毒と、後に墓碑名のない小さな塚を建てて供養したのだという。

賊軍という理由で埋葬を許さず遺体を放置する。報復といってしまえばそれまでだが、もう少し何とかならなかったものかとつい思ってしまう。

この後も折に触れ、名もなき墓標の話については記していきたいと思う。

法福寺の境内からは日本海と寺泊の湊が一望できる。市川勢は何度かこの寺の境内のこ

水戸藩士佐藤図書が眠る寺泊法福寺から望む日本海　ここからの夕日をどのような思いで眺めたのだろう

の場所に立ったはずで、そこから初夏の日本海を眺めたことだろう。内陸で育った者たちが見る異国の海とはどういうものだったのか、流転の身を思い合わせると、私などには想像の外である。

そして長岡へ

五月二日、小千谷慈眼寺での交渉が決裂し長岡藩は同盟軍に帰順した。小千谷と柏崎に分かれて状況をにらんでいた新政府軍は時を置かず信濃川の渡河作戦を敢行する。長雨の続くなか、朝日山をめぐる攻防戦が幕を開ける。

閑話　慈眼寺会談

事件が歴史になる時

建築法が強化改正される直前、全国的にマンションの建築ラッシュが起きた。その頃に分譲販売されたマンションの一つにとんでもない欠陥工事が見つかった。その棟は地盤まで杭《くい》が届いておらず数年の時を経て建物の一部が明らかなズレを生じた。

この話題は地域の住民はもとより全国的にも大騒ぎとなり、施工業者とゼネコンと販売会社は責任のなすり付け合いを始めた。マスコミも当初はこのずさんな施工と業界の無責任さを追及していたが、いつしか報道の中心は全棟建て替えの話題に移り、問題の一棟を含んだ棟全体の建て替えが決まると杭の問題はいつしか追及されなくなった。被害者が一定程度救済されたので騒ぎはここまでということになったのだろう。しかし施工業者やゼネコン、販売会社の関係は相変わらずで問題発覚前と何一つ変わっていない。それでもこの問題は一応の決着を見た。つまりそれは歴史になったと言い換えてもいい。

新聞やテレビで目にする日々のニュースの中には、それが一定の結末を見たとしても、なおスッキリしない出来事がいくつもある。思えば歴史というのはこういうことの集積なのかもしれない。歴史上の事件とは、核心部分は既に失われ物語だけがその時代時代の風潮によって色を変えながら残ったものなのだろう。今われわれが知る歴史は現代風の価値観に色を変えた昔風の物語にすぎない。当時の背景や価値観は既に失われ、それがために検証困難になってしまった事件も少なくないのだ。

歴史の迷宮とか史上最大のミステリーとかよく耳にするが、実はその時代に生きた人々にとっては少し都合の悪い事実を含んだ普通の事件だった可能性も大いにある。先のマンションもそう、本能寺の変も、小早川秀秋の裏切りも、坂本竜馬の斬殺も、帝銀事件や下山事件も実は当事者はみな裏側を知っていたのかもしれない。

それでも中にはどう考えても、つまり当時の人々の価値観に立ってみても検証困難な事件はいくつか存在する。そういう事件の一つに長岡藩と新政府軍の間で行われた政治交渉とその決裂、いわゆる慈眼寺会談の決裂がある。会談の当事者が亡くなるか口を固く閉ざすかしており、そもそも証言がほとんどない。要するに証拠の乏しい検証困難な出来事であり、その割に歴史的には局面を左右する重要な内容を含んでいる。だが見方を変えて、こちらが開き直りさえすれば好き勝手が書ける。いくつかの状況証拠を組み合わせて歴史上まれに見るこの不思議な出来事を読み解いてみたい。歴史学としては到底通用しないセオリーをあえて踏み外して推察しようと思う。だから「閑話」なのだ。

会談までの経緯――割れる藩論

徳川慶喜が上野寛永寺に謹慎し、勝海舟ら恭順派の幕臣が主流派を形成して以降は、新政府軍の攻撃目標は会津藩に移った。新政府軍の「敵」という概念は明確に会津とそれに味方する勢力のことで、従って慈眼寺会談の決裂以前は越後の藩の中に「敵」はいないはずだった。ところが長岡藩だけは新政府軍から会津寄りと見なされ警戒されていた。それは長岡藩家老河井継之助が会津藩の要人らとたびたび領内で会談をもっていたからだ。

そこで新政府軍は高田に集結した際、長岡藩に対し国力相当の兵力と軍資金三万両の供出を求めた。だが河井はこの要求に対して沈黙を守り続けた。拒絶もしないが応諾もしないのだ。これが中立の証しだと言って言えなくもないが、強大な勢力の要求に何も答えないという選択は外交上決して得策でないことは明らかだ。新政府軍からすれば、長岡藩は自分たちの要求を無視している、と解釈するのが自然で、少なくとも中立を守っているとは思わないだろう。河井が本気で中立を考えていたなら、まずは下交渉くらいはしたはずで、それをした形跡もないということは中立論自体本当にあったかどうか疑ってみなければならない。長岡藩は会津寄りと疑われながらそれを修繕するような行動を一切しなかったのだ。

一方、藩内の意見も割れていた。長岡藩主牧野家は譜代の家柄で、特に九代忠精からは三代続けて幕府老中職を務めた名門だった。前藩主の忠恭《ただゆき》は長州の宮廷工作が最も盛んだった時期に京都所司代を務め、禁門の変、第一次長州征伐の時に老中の職にあった。長州にはあまりいい感情を持っていなかったと思う。

河井継之助は経済官僚の家柄で石高も百二十石程度の中級武士の出身だった。江戸時代においては経済官僚は必ずしも重用される家柄ではない。そういう者を家老にまで取り立てたのは当時藩主だった忠恭だった。河井としてはその恩人の心中は十分に察していたことだろう。河井の考えがどうであれ忠恭の心中をおもんぱかれば少なくとも恭順ということにはならなかっただろうと思う。

　ところが藩の筆頭家老という立場にあって門閥派の代表格だった稲垣平助（茂光）が不戦恭順を主張して主戦派と対立した。一説に稲垣は河井と対立して恭順を主張したようにいわれているが、この時河井はまだはっきりとした態度表明をしていないので、あえて恭順を対立軸にする理由には乏しい。稲垣としては牧野家と藩の存続を第一に考え不戦恭順を主張したのだろう。筆頭家老としての責務を思えば十分理解できる。

　筆頭家老が恭順を主張している以上、主戦派は乱暴な押し切り方はできない。長岡藩の藩論統一がぎりぎりまで実現しなかったのは恭順派の代表が筆頭家老で、対する主戦派が「恭順だけは…」という殿様の内意をくんだからだと思われる。

　稲垣はこの後、河井との政争に敗れ長岡城落城の直前に藩を出奔して新政府軍に投降し牧野家の存続を嘆願する。あの『武士の娘』の著者杉本鉞子はこの人の六女である。出奔、投降は何より主家を思ってのことだろうが、歴史の結果として言うならこの判断は早計に過ぎたと言わざるを得ない。

　長岡藩は河井継之助、山本帯刀という開戦時の藩の重役二人を戦で失った。失った結果、長岡藩として降伏文書に調印できる立場の責任者がいなくなってしまった。長岡藩兵は会津陥落後も降伏しようにもできないまま東北各地を逃げまどう他なくなってしまう。新政府軍に見つかれば裁判を受けることなく即座に殺されるからだ。この時もし恭順派だった稲垣が藩内にとどまっていれば会津が陥落した時点で降伏文書に調印できただろう。歴史は冷徹で残酷である。稲垣は主家と藩を思って出奔したのだろうが結果として多くの藩士とその家族をいたずらに流浪させ死に追いやることになってしまった。家老という立場は単に家格が高いというだけではなく、求められる責任が桁外れに重いのだということを改めて教えてくれる歴史の教訓である。戦争終結の後、稲垣は長岡民生局に勤めるが彼の言葉に耳を傾ける者はほとんどいなかった。長岡人は稲垣のしたことを認めなかったのだろう。

会談までの経緯――慈眼寺に至るまで

閏四月二十七日に柏崎、小千谷、小出嶋で新政府軍が勝利し、敗れた会津や桑名の兵は長岡領周辺の山間地帯に割拠して態勢を立て直していた。長岡藩は会津側からも新政府側からも態度を明らかにするよう迫られていた。それには藩論の統一が不可欠で河井はまずここに注力しなければならなかった。

河井が新政府側代表と会談に至るまでには次のような経緯をたどる。

まず五月一日、花輪彦左衛門（求馬）を使者にたて「嘆願のための重役を参上させたい」と申し入れた。花輪は三間市之進と共に断固抗戦を主張したいわば主戦派の代表格だった。開戦後は

小千谷陣屋跡（小千谷市元町）　当初ここで会談が予定されていた

花輪も三間も共に軍事掛として各地を転戦したが運あって二人とも命を長らえ明治の世を見ている。

花輪は戦後秋田外記と名を変え長岡藩の権大参事となった。娘の梅路はキリスト教宣教師の白石村治と結婚し、その子古京は後に京都新聞社を創設して昭和の新聞界を代表する人物になる。

花輪が申し入れをした日、小千谷陣屋には軍監の岩村精一郎（土佐）、参謀の白井小助、杉山荘一（共に長州）、渕辺直右衛門（薩摩）ら東山道軍首脳しかいなかったと思われる。花輪は誰に口上を述べ許されたのだろう。少なくとも河井が交渉したかったという黒田、山県といった北陸道軍の首脳たちは不在だった。もしいたなら彼らは小千谷を離れなかっただろう。花輪の仕事は単に口上を述べるだけでなく当然のことなから偵察の役目も担っている。お互い初対面なので顔を見ただけでは分からないだろうが相手も名前くらいは名乗ったはずで、まして面談を申し入れ許されているのだからたとえ口上でも代表者の名前くらいは確認したはずである。それにしても花輪は小千谷陣屋にいた幹部たちのことを河井に報告しなかったのだろうか。

翌二日、河井は軍目付として二見虎三郎を伴い二丁の駕籠《かご》に乗り四十人に警護されながら三仏生までやって来る。他に従者の松蔵が河井のそばを離れず従っていた。この時三仏生から先は新政府軍の占領地で領外だった。河井はここで駕籠を降りた。普通ならここから先は河井、二見、松蔵の三人で小千谷陣屋に向かうところだが、この時は新政府側から案内役と護衛がついた。高田藩のときは藩の代表を新井まで呼びつけ尋問叱責《しっせき》までしたがそれとは扱いがまるで違う。軍監は同じ岩村精一郎だ。だがしかし長岡藩にはそれまでの態度に著しい疑念があり、しかもその疑いはいまだ晴れていない。そういう状況でこのように礼儀を尽くした対応をした理由は何だったのだろう。

考えられる理由はあまり多くない。一つは前日に花輪彦左衛門が新政府側に何か期待を抱かせるようなことを発言した、という可能性である。しかし花輪はその前も後も主戦論者で、自身の考えで岩村らが期待するようなことを言うはずはない。ただし河井の命令があれば話は別だが。

いま一つは、この時点で宣戦布告をしにわざわざ家老が訪ねてくるはずはなく、従って今までの非礼をわび今後の指示を仰ぐために来るのだと岩村らが早合点していた、という考えである。

確かに十分あり得るし、もっと言えばそれ以外は考えられないだろう。

だが、それにしても、こんな当たり前の人間の機微を河井は察せられなかったのだろうか。それまで新政府軍からの要求には一切答えず、それどころか会津や桑名の指揮官たちとは会合を持っていた。態度を疑われても仕方がない状況を自らつくっている。ではせめて黒田や山県個人に密書や密使といった内々の交渉を持ちかけてみてはどうかと思うが、現に河井は黒田にも山県にも会えていないのでそういうことはなかったのだろう。

中立を訴えようとする者が一方の幹部とは会合を持ち、もう一方とは密書のやり取りすらしない。一切無視を続けておいて、それでいきなりやって来て「中立」を主張したところで信用されるはずもない。しかも相手は「恭順」の期待をしている。河井がこういった相手の感情を斟酌《しんしゃく》せず、まったくのぶっつけ本番で乗り込んだとしたら、それは指揮官としての能力を疑わざるを得ないし、人の機微を理解できない交渉下手ということになる。それはおよそ義とは程遠くむしろ愚に近い。

後に「八丁沖」の項で詳しく触れるが、結論からいって河井継之助は信念の人だった。同時にまた己の信ずるところを実現するために綿密な準備を怠らないリアリストでもあった。しかも筆頭家老を出奔にまで追いやった政治家であり、短期間で多額の軍資金をつくった経済通でもある。こういう人物がこの慈眼寺会談の時だけ愚者になった。この会談の不思議はそこにある。

話を続けたいと思う。こうして河井ら一行は護衛を受けながら小千谷に入ったわけだが、ここで事件が起きる。片貝で戦闘が始まり小千谷陣屋はその対応のため大騒ぎになった。河井が交渉を始めようとしたその時に会津が攻撃をしかけ事態が逼迫《ひっぱく》したのである。それでも東山道軍軍監は会談を中止せず場所を変更して幹部三人を伴い会談に臨んだ。戦闘が始まっているにもかかわらず指揮官たちが現場より河井との会談を優先させ時間をつくったのだ。本来は作戦の指揮を執らねばならないのだから内心は早く済ませたかっただろうと思う。

ここで少し会談場所の変更について触れたい。会談場所が小千谷陣屋だった場合と慈眼寺だった場合とで何か違いがあったのか、という点だ。

寺は戊辰戦争の時期を通じて常に中立の場所だった。新政府軍が駐屯する場合、そこの陣屋を制圧して屯所とした。例外は城を征圧しなかった高田と柏崎の妙行寺くらいで、小出嶋も小千谷も新潟もみな陣屋だった。それに対し旧幕府軍は大方が寺だった。衝鋒隊が新潟、与板、新井で宿泊した場所はみな寺だったし、水戸市川勢も出雲崎陣屋を本営にするまでは寺を宿泊場所としていた。桑名軍も同じで柏崎を退いてからは西山町の超願寺に本営を置いた。中でも浄土真宗は上野寛永寺や築地本願寺との関係からか親幕府派を保護していたと思われる節がある。維新後突然吹き荒れる宗教弾圧、排仏毀釈は、この時の復讐が根っこにあったのではないかと考えている。

新政府軍本営である小千谷陣屋で交渉が決裂した場合、河井らに命の保証はない。だが寺でなら新政府側も迂闊《うかつ》に手は出せない。寺の力は全国的に強大であり中立を守らなければ、今後新政府軍はどの土地であれ寺での保護や待遇を受けられにくくなる恐れがあったからだ。

慈眼寺は真言宗智山派の寺なので旧幕府寄りではないが中立ではある。少なくとも交渉決裂によっていや応なく斬られるというリスクはずいぶんと低減されただろう。結果から考えても河井らが小千谷陣屋で交渉するのと、慈眼寺で交渉するのとでは命の保証がかかっていたのだ。そうだとすれば、タイミングよく始まった片貝での戦闘は小千谷陣屋に混乱をきたすのが目的だった可能性もある。場所は陣屋から変われば寺以外になく、あとはどこでもよかったが結果的に慈眼寺になった。

片貝での戦闘は新政府軍からすれば突然の出来事だろうが、会津としては意図的に起こしたのだと思う。そこには交渉を短時間で切り上げさせ、河井の命も守るという二つの目的があった。河井も当然知っていただろう。だんだん岩村が気の毒に思えてくる。

慈眼寺境内　この寺が北越戊辰戦争の大転換の地となった

会談

こうして昼前には会談が始まった。河井一人が会談に臨み、隣室に二見が、松蔵は庭先で控えていただろう。そこへ軍監の岩村精一郎、副官の白井小助、杉山荘一、淵辺直右衛門の四人が入ってくる。「本日はまことに殊勝なことである」程度のことは言ったかもしれない。しかし河井の口から出た言葉に岩村らは耳を疑う。河井は嘆願書を差し出し長岡藩の中立を願い出た。

趣旨は大きく分けて二つあった。一つは藩論がまとまらないので戦争はぜひとも避けたい、どうしてもと言うなら領外を通過してほしい、というもの。もう一つは時をくれれば長岡藩が会津藩を説得して兵を引かせるのでその間戦闘を停止してほしい、というものだった。これを聞いた岩村は激怒し嘆願書を突き返して会談はわずか四半刻で終了した。

一刻は二時間なので四半刻は三十分ということになるが、洋式兵術が導入されるまで日本ではこの四半刻が時間の最小単位だった。後年、長岡藩出身で人類学者の小金井良精が日記に、外国人講師が「日本人は時間の幅が三十分もあってとても町で待ち合わせなどできない」と話していたと書き残している。こういう一方的な会談での三十分は長い。実際は恐らく十分程度、あるいは五分程度で終わった可能性もある。感覚的には最小単位だから四半刻として残ったのだろう。

河井は小千谷の野滝という旅館に宿を取ったが諦めきれず再び陣屋に使者を出して面会を求めたが断られ、仕方なく帰途に就いたという。

松下村塾出身で明治の農政、内務に重要な役割を果たすことになる品川弥次郎は「あの時越後におった黒田や山県が河井に会わず岩村のような小僧を出したのが誤りだ」と批判したという話が残っている。別項で後述するが、品川は朝日山の戦闘で亡くなった松下村塾の同門時山直八の死についても「あれは山県が殺したようなものだ」と山県を批判している。あるいは品川は、八丁沖の渡沼作戦の時も含めて山県の一連の行動について何らかの疑いを持っていたのかもしれない。

疑問

さてここで冷静になって考えてみたい。事前の根回しなしでいきなりやって来て嘆願書を差し出し、断られても諦めず、宿をとって再度面会を申し入れ、それでも断られて仕方なく戻った。そこまでするなら新政府側の要求を無視などせず事前の根回しくらいすればよかったものを、と思う。

新政府軍は会津とそれにくみする勢力を討滅するために会津へ向かっている。越後は当初その通り道の一つでしかなかった。だが高田から小千谷まで新政府軍は連戦連勝、会津は負けに負け続けている。そういう状況で河井は中立の条件に「会津を引かせる」と提案した。形勢が不利なら、ともかく新政府軍からすれば「長岡の力など借りなくても会津は掃討できる」と鼻で笑ったことだろう。相手が岩村ならなおさらである。これは長岡藩を中立に導くほど魅力ある提案とも思えないのだが、河井はこの状況をどう分析していたのだろう。

そもそもこの会談の記録は、専ら岩村高俊（精一郎）の回顧録によるもので他にはない。岩村は後世「田舎侍が来たと思った」とこの時の感想を述べている。河井のしたことを並べればそう思われても仕方がないように思える。

この場に居合わせた三人の参謀のうち杉山荘一と淵辺直右衛門の二人は後に戦死しており、生き延びた長州の白井小助は生涯黙して語らなかった。また長岡側も河井は脛《すね》に受けた銃傷がもとで戦傷死、軍目付で同行した二見虎三郎は会津で切腹している。河井の従者松蔵だけが生き証人だったが、この件については一言も話していない。本来、双方が戦争の大義名分として声高に宣伝するべき出来事を、特に新政府側の方で口が重いことに非常に違和感を覚える。

中立か戦争か、一藩の命運を懸けた交渉のわりに河井は下交渉を行っていない。また当日、黒田、山県の両参謀は柏崎に行っていて不在だった。河井はそもそも誰と交渉する腹積もりだったのか。二十四歳の軍監岩村についてどれだけの情報を得ていたのか。河井継之助という人物の緻密さと非凡さを知るだけに、この準備の悪さだけは別人の仕事のように思える。

北陸道軍の移動について

花輪が会談の申し入れを行った五月一日と河井が小千谷にやって来た五月二日、黒田と山県は柏崎にいた。ではなぜ二人はこの大事な局面で岩村のような「小僧」に長岡に隣接する小千谷を任せ、当面は戦闘の可能性が薄い柏崎にいたのか。それは北陸道軍の前線基地を高田から柏崎に移動させていたためだと思われる。

鯨波で桑名軍が戦ったのが閏四月二十七日だった。戦闘は夕方には終了し桑名軍は妙法寺まで撤退する。翌二十八日、衝鋒隊と水戸市川勢が椎谷に退いた。この時点ではまだ局地戦が続いていて、柏崎では海道軍の斥候《せっこう》部隊が入って集落内に潜んでいるかもしれない敵残存兵を探していたはずだ。二十九日になってようやく陣屋が整備され前線基地移転の準備が始まったと思われる。高田の本営には北陸道軍鎮撫総督として西園寺公望が来ており、柏崎では宮さまを迎えるため念入りな準備が進められていたことだろう。

五月一日には黒田と山県はいなかったのだから少なくとも一日は柏崎に部隊の一部が入り始めていただろう。朝日山の戦闘は五月三日の早朝から始まるがこちらの主力は小千谷の山道軍だった。北陸道軍はまだ出撃できる状況になかったと思われる。では、北陸道軍の移動はいつ始まったのだろう。柏崎での戦闘停止から掃討戦、陣屋の整備など日程が前に述べた推測通りなら三十日か一日のどちらかだと思う。

椎谷には市川勢と衝鋒隊がおり妙法寺には桑名軍が駐屯している。特に桑名軍にしてみれば柏崎は大事な自領なので取り返してやろうと監視の目を続けていたに違いない。当然、北陸道軍の移動は分かっていたはずだが桑名軍はこのことを河井に伝えなかったのだろうか。

北陸道軍の柏崎への移動と河井の行動をあわせると次のようになる。閏四月三十日か五月一日に北陸道軍は前線基地を高田から柏崎に移動させていた。基地の移動に参謀が立ち会うのは当然で、河井が黒田や山県との面談を望んでいたとするなら、このタイミングでの申し入れは普通考えられない。河井が北陸道軍の移動を知らなかったのなら別だが、状況と結果からいって桑名軍や会津軍から知らせが届いていたと考える方が自然だろう。河井は黒田や山県がいないことを承知のうえで小千谷に赴いたにもかかわらず「せめて黒田か山県と話したかった」とこぼしたことになる。それでもまだ河井は中立を望み、岩村はそれを蹴飛ばしたといえるのだろうか。

会津の殲滅《せんめつ》を目的とし、現に連戦連勝している相手に対し兵を引かせるという魅力に乏しい提案。事前に書簡のやり取りさえまったくないぶっつけ本番。河井が乗り込んだのは北陸道軍が前線基地を移動させている最中で交渉相手は若い軍監だった。いきなりやって来て「会津を引かせるから時をくれ」という。皆さんならどう返事をするだろう、同年代の頃の私なら一笑に付す。岩村が後年述べた「田舎侍が来たと思った」という感想はこの経緯であれば無理もないだろう。問題は黒田、山県が河井についてどれほどの予備知識を持っていたかで、残念ながら今となっては測りようもないが、もし持っていたとしたら岩村は何も聞かされていなかったことになる。新政府軍内の薩長対土佐といった藩閥争いが既に始まっていて、河井はそれを承知のうえで逆手にとったとも考えられる。品川弥次郎の一連の発言はこのあたりに要因があるのかもしれない。

会談決裂後の変化

長岡藩の前藩主牧野忠恭の頭の中に新政府軍への恭順という選択肢は薄かった。忠恭が腐心していたのは藩論の統一で、中立という考えもこれを念頭に河井の前で口にしたのかもしれない。河井は忠恭を守るため恭順しない姿勢は自分の責任だとはっきり内外に示す必要があった。

　慈眼寺会談の前と後で決定的に変わった事が一つある。それは割れていた長岡藩の藩論が抗戦でまとまったことだ。恭順派の代表だった家老稲垣茂光はこの半月後、藩を出奔して新政府軍に投降してしまう。

　一方、新政府軍側にはこれといったメリットは見あたらない。それどころか長岡藩の参戦で奥羽越列藩同盟が成立してしまい、この後三カ月にわたりおびただしい数の死傷者を出しながら戦線は越後で膠着《こうちゃく》することになる。

　この戦線の膠着は冷静に振り返るとリスクが高い。河井が負傷した日と新発田藩が新政府軍に恭順した日は同じ七月二十五日で、この二つの出来事が北越戊辰戦争の勝敗の行方を決定づけてしまった。だがこの日もし河井が負傷していなかったら戦線の膠着はもっと続いていた可能性もある。七月二十五日は現在の九月十一日にあたる。あとふた月膠着していたら雪が降って形勢が逆転していたことも十分考えられる。河井に勝算があったとしたらまさにそれだろう。

　越後の戦力を過小評価していたと言えばそれまでだが、新政府軍の目的はあくまで会津を攻略することで越後に戦争をしに来たわけではない。先を急いでいたのだ。

　この時岩村は連戦連勝で少し気が大きくなっていた。そこへ沈黙を守っていた長岡藩の家老が訪ねてくるという。岩村としては会津の負け続けに恐れをなし長岡藩はようやく恭順する気になったのだと思い込んでいた。ところが「中立」などという思いもよらないことを言い出した。「田舎侍め」と腹を立てた。この怒りは戦線の膠着というリスクを忘れさせた。岩村は嘆願書を蹴飛ばし、しかも河井を拘束することもなくそのまま帰してしまった。よくよく考えて出直して来い、という上からの目線がありありと伝わってくる。この岩村の判断が新政府軍を危険な状況に追い込んだことは間違いない。黒田や山県ならこうはならなかったろう。だが河井はこうなることを目的にしていたので交渉相手に岩村を選んだのではないか、と思う。

その意味を考える

慈眼寺会談の決裂は結果として長岡藩の藩論を抗戦でまとめ、そこにとどまらず村松や新発田、村上など、それまで態度をはっきりさせなかった越後各藩の姿勢を同盟軍参加まで一気に持っていってしまった。奥羽越列藩同盟の成立を誘導したのである。

河井は黒田や山県がいない日を選んで小千谷に赴き談判をしかけた。会談は決裂したが命を取られることも拘束を受けることもなく長岡に戻り新政府軍の態度に憤慨してみせた。藩論は抗戦でまとまり、恭順を訴えていた家老は出奔に追い込まれた。これが慈眼寺会談がもたらした結果である。

それにしても、命を懸けてここまでやる必要が果たしてあったのだろうか。藩論の統一だけなら忠恭と相談のうえで他にやりようもあっただろう。だが河井の中ではこれしかなかったのだと思う。

後世、連合艦隊司令長官山本五十六は真珠湾攻撃をやる前に「夜討ちをかけるにしても寝ている相手の枕を蹴飛ばしてから斬るもんだ」と宣戦布告に例えて戦を始める際の体裁がいかに大切かを述べている。河井のやったことはこれではないかと思う。相手のせいで戦を強いられた、という戦の体裁をつくり上げたのだ。余人ならばここまでしないだろうが、河井は戦の義をどうしてもたてたかった。忠恭の責任を引き受けるという意味もあっただろう。黒田も山県も岩村も後でそれに気付いて口が重くなったのだ。「いっぱい食わされた」慈眼寺会談はむしろ新政府軍にとって苦々しい思いが込められた黒い墓標なのかもしれない。

第四章　「官軍」「賊軍」かく戦えり

戦場とは

私は昭和三十六（一九六一）年の生まれだ。この時日本は高度成長の真っただ中。両親は私の将来を豊であれと願って「豊」と名付けた。日本では同じ名前を共有する世代がいくつかある。もちろん、名前は親の願いがこもっているのでブームとは少し違う。違うが多くの親がかわいい子供の将来を願い、その思いが似てしまった名前がいくつかある。例えば「大地」や「大輔」はある時期に集中しているし「ユウキ」という名も漢字を違えて多くいる。女性では「美智子」や「小百合」グループがある。豊もある年代を代表する名前の一つだった。私の名字「渡邊」を思うと、同年代に「わたなべゆたか」という同姓同名が何人いることだろう。まさに高度成長期を代表する名前の一つなのだ。

両親がわが子に豊であれと望んだのは、両親の世代が豊を当たり前と思っていなかったからに他ならない。私の父は貧乏な農家の出で、そのため志願して職業軍人となり海軍飛行兵として終戦を迎えた。復員後は働きながら中央大学法学部に学び、後に新潟県庁に就職して官僚になった。

父は若い頃銃弾の飛び交う修羅場を経験している。人が命のやり取りを血眼で行う現場に何度も身を置いているのだ。私らの世代はそういう経験をした世代のいわば裏返しなのかもしれない。私は幸せなことに戦争の経験がない。だから銃弾がどういう音をたてて通過するのか聞いたことはないし、さっきまで話していた相手が突然血を流して息絶えるという経験もしないで済んでいる。

戦を書こうとする者が戦を知らないのだからリアルさを欠くのは避けようもない。伝えられないもどかしさはあるが、それが戦後に生まれた幸せなのだと感謝し、精いっぱい想像を働かせて表現するだけである。

江戸時代は平和が長く続き、二百六十年にもわたって戦争らしい戦争はなかった。それでも刀による斬り合いや切腹などは時々あったので人の死そのものは侍にとって非日常ではなかったと思う。だが戊辰戦争は斬り合いではなく銃弾や砲弾が飛び交う銃撃、砲撃戦が中心だった。たとえ侍でもこの戦場は初体験に近かったろう。椎の実形の銃弾が通過していく音はたとえ侍でも身が縮むような恐怖を覚えたに違いない。そういう意味では戊辰戦争の戦場においては、侍と農民兵は同じ土俵にいたと言えるだろう。

音の恐怖

もう少し音にこだわってみたい。長州奇兵隊が標準装備していたエンフィールド銃は英国製で口径約十五ミリの前装式施条銃だった。底部が約一センチ五ミリの椎の実形の銃弾を銃身内部の施条により回転させながら飛ばすのだ。このとき銃弾は自身の回転音とスピードですさまじい風切り音を発した。銃弾が自分めがけて飛んでくるのが分かるのだ。目に見えないだけにこの音は血飛沫の中を駆け回った侍であっても恐怖を覚えたろう。視覚ではない聴覚による恐怖だ。

奇兵隊は馬関挙兵以来連戦連勝で越後に来ても負けたことがなかった。それはこの風切り音が与える恐怖、この音こそ奇兵隊の来襲を意味し敵は腰が引けたからだ。勝ち続けたのはこの風切り音が要因の一つだったと思っている。

ところが連勝無敗の奇兵隊が初めて敗れた。それが長岡戦線の緒戦、朝日山の攻防戦だった。指揮官は長州の時山直八。時山は山上を守る会津藩萱野隊を敗走させ一度は同盟軍の堡塁《ほうるい》を取った。だがその後すぐに追い落とされる。時山の命を奪い奇兵隊を敗走に追い込んだのは衝鋒隊によるミニエー銃の速射と桑名雷神隊らによる抜刀斬り込みだった。一分間に三発以上撃ち込む、これが衝鋒隊員の最低限のノルマだった。これより少ないと敵に撃ち負ける、敵とはもちろん奇兵隊を想定していた。

江戸時代と近代以降とでは日本人の時間の感覚はまるで違う。洋式兵術が導入されると、時間の単位もまた激変した。四半刻などという時間感覚では軍は動かせないからだ。衝鋒隊の一分間に三発以上は今の一分間に三発以上だ。ミニエーもエンフィールドも前装式なので銃弾と火薬を一つにして包んだ銃包《はやご》と呼ばれる弾を筒先から槊杖《かるか》を使って押し込み狙いを定めて撃ち込む。これを一分間に三回以上繰り返すのだ。加えて当然のことながら高い命中率が求められた。奇兵隊と衝鋒隊はこの技術がほぼ互角だったと思われる。

しかもこの日、時山が率いる長州奇兵隊二百のうちの一部はとんでもない新式銃を装備していた。それはスペンサー騎銃。七発の弾丸を筒型の弾倉管に詰めて七連射できる元込め式の銃だ。

槊杖を使わなくて済むので連射できる。極端なことをいえば一人で七人分の兵力に匹敵した。この銃は会津の山本八重が持っていたことでも有名だが、命中率さえ高ければこの当時最強無敵の銃と言ってもいい。奇兵隊はその点申し分ないほどの高い命中率を誇っていたし、時山もまたそれがあるからこそ山県を待たず朝日山を登ったのだと思う。

朝日山はこの日、椎の実形の銃弾が放つ風切り音が山間をこだましていたことだろう。並みの侍なら逃げ出したくなる音だ。そんな中を立見鑑三郎率いる桑名雷神隊、長岡の安田多膳率いる槍隊、そして一度は退いた会津の萱野右兵衛率いる鎮将隊が一斉に斬り込みをかけた。山上近くの堡塁で奮闘していた奇兵隊もさすがに浮き足立ったことだろう。音が人の神経を麻痺させ狂わせる。北越戊辰戦争とはそういう戦だったのだ。

墓標について

「官軍」戦没者は上越金谷山、小千谷船岡公園、新潟縣護国神社などに丁重に祀《まつ》られている。また戦場となった場所やその付近にも名前の刻まれた墓碑が多く残されている。

一方「賊軍」とされた同盟軍の墓は被葬者の名すら刻まれていない。たとえおぼろげでも墓が墓として残っているのはまだましな方で、今や路傍の石となり、かつては墓標だったことさえ知れなくなっているものも少なくない、のだと思う。墓碑を探し歩くと、この落差に強い違和感を覚えるようになる。人が死してなお、まるで穢れのように扱われ埋葬さえ許されないというのは、およそ日本人の考え方に合わない。この合わないことが幕末のある時期だけ会津と長州、薩摩の双方で繰り返された。その時の傷が百五十年も経た今もまだ尾を引いているのだから、特にされる方の意識として恨みというより祟《たた》りに近い感情が残ったのだろう。だが、この時死んでいった者たちは祟るほどの怨恨《えんこん》を残したのだろうか。ひっそりと残る埋もれた墓標を前にするたび、そんなことをつい思ってしまう。

では官軍の墓標はどうだろう。墓碑はしかるべき場所に整然と並べられ、その名は称えられるようにしっかりと刻まれている。われわれは後世に生きる者としてこの墓標に敬意を払うことはもちろんだが、賊軍とされた者の墓石を見るのとはまた違った思いが残る。考えてみれば官軍戦没者の多くは遠い西国から送られ見も知らぬ土地で亡くなった若者たちである。もう一度故郷を見たかったろうし、両親や兄弟や友人にも会いたかったことだろう。何か思いを残して亡くなったという点では同盟軍の戦没者と何も変わらない。何も変わらないだろう?と思うのだ。

この章では「官軍」と「賊軍」を並べて描きたいと思う。それが死んでいった若者たちへの供養に少しでもなるならと願うばかりである。

長岡戦線―榎峠の攻防戦

五月一日、小千谷、小出嶋から撤退した会津軍と妙法寺村から移動した桑名軍は脇野町（旧三島町）に集結した。桑名軍は北陸道軍が本営を柏崎に移すのを確認したうえで態勢の立て直しをはかったのだろう。翌二日、慈眼寺会談の日ということになるが、会津・桑名の同盟軍は脇野町から関原村に移動し、ここで昼食を取り夕刻には深沢村に到着してひと眠りした。夜半になって一隊が塚野山（旧越路）に移動し、本隊は片貝に入って浄照寺に本営を置いた。河井が再度の会談を申し入れ、それも断られて長岡へ引き揚げようとしていた頃である。この本隊こそ佐川官兵衛率いる会津藩最強の部隊、朱雀士中四番隊約四百人だった。佐川隊は長岡を出て三島で桑名軍と合流し、その後前線を迂回するように関原、深沢、片貝と移動したことになる。河井との会談に気をとられている間に会津、桑名の主力部隊は山道軍の懐近くにまで移動、集結して攻撃態勢を固めていたのだ。

この事実を知った小千谷陣屋は慌てた。夜半にもかかわらず急きょ各藩の代表を集め進軍の部署を決めた。先鋒の高田藩兵二陣には大砲二門を、尾張藩正気隊には砲三門を与え未明には片貝に向け進撃させた。他に松代藩兵が後陣を務めている。

同盟軍の諸隊は鴻巣村と山屋村に布陣していた。新政府軍の斥候部隊が山屋村まで侵入した時、敵の斥候部隊と遭遇して戦闘が始まった。局地戦はすぐに全軍の砲撃戦に拡大する。会津兵も桑名兵も接近戦を得意としていたので高田兵と尾張兵は奇襲を受けて大苦戦になり、昼すぎには小千谷陣屋に援軍を求めた。

同じ頃、新政府軍は増水した信濃川を渡って榎峠を占拠する奇襲攻撃を敢行中だった。余裕はなかったが敵兵に山屋から進軍されると作戦に支障が出かねない。山道軍本部は急きょ薩長軍の一隊を送った。援軍は最新の火力を装備していたので同盟軍はじりじりと片貝まで後退した。
この戦闘の間に同盟軍の人足全員が逃亡してしまった。仕方なく武器弾薬の輸送にあたったのは兵隊で、そのため動きが遅くなった。恐らく敵の奇襲を恐れたのだろう、前線を片貝からさらに脇野町まで後退させた。またいつものことだが鴻巣村で二軒、山屋村で十三軒の民家が焼けている。これもまた撤退の際の同盟軍の仕業だろう。

その小さな墓碑には五月三日の文字が刻まれていた。片貝山屋町、県道脇にある民家の軒先に会津藩士三人の名が刻まれた墓がある。須貝佐蔵二十四・斉藤清左衛門二十八・熊沢平助二十六。みな二十代の若者ばかりだ。日付と場所から考えてこの鴻巣、山屋の戦闘で負傷し、息

県道長岡・片貝線脇にひっそりとたたずむ会津藩士３人の碑　(小千谷市片貝山屋町　民家地内)

絶えた若者たちだと思われる。新政府軍は、「賊徒の亡骸《なきがら》、特に会津藩士の遺体には決して触れてはならない」と厳しく通達していたので、ここで斃《たお》れたのなら、この民家の先祖は何もできなかったろう。恐らく仲間の会津兵が脇野町へ逃げる途中にこの場所に埋め、家の者に三人の名と歳《とし》を書いて託したのだと思う。この墓碑はずっと後になってから置かれたもので、それが誰の手によるものかは分からない。何であれこの家の者はずいぶん恐ろしい思いをしたと思うが、それでも放ってはおけなかったのだろう。あるいは亡くなった若者か埋葬した兵の誰かが家の者と面識があったのかもしれない。長岡藩の参戦で始まった北越戊辰戦争の、その最初の日に命奪われた若者のささやかな記録である。

もう一つささやかな記録がある。同盟軍が初めに本陣を置いた片貝の浄照寺にこの時、鴻巣の戦いで亡くなったとみられる六人の尾張藩士の墓がある。同盟軍の本陣だった寺にどういうわけで新政府軍の兵士の墓が残されたのか、その経緯に少し興味を惹《ひ》かれた。墓の記録によれば、亡くなった日は五月三日なので、鴻巣で先の会津藩士たちと戦い戦死したのだと思われる。なぜ遺体は小千谷まで運ばれなかったのだろう。

この日の小千谷陣屋を少しだけ想像してみたい。前日、田舎家老がやって来て想像もしなかった中立などという提案を受け嘆願書まで差し出された。軍監の岩村はもとより同席した三人の参謀もこれには初め戸惑い、驚き、ばかにした。家老はそれでも諦めず、なおも懇願を繰り返した。岩村は圧倒的な高みから「出直してこい」ぐらいの気持ちでこれを蹴っ飛ばした。恐らく現在言われているような、戦うつもりでの行動ではなかったと思う。蹴っ飛ばせば出直してくるだろうと考えたのだ。そうでなければいくらなんでも河井を帰すはずがない。

柏崎の海道軍本営には結果を知らせる早馬を走らせたと思う。山県はこれを河井の罠《わな》と察知し、早急に榎峠を奇襲するよう指示を出した。指示書を受け取った岩村はこの時点でもまだ高をくくっていたかもしれない。それでも翌朝の奇襲に備え準備を進めていたことだろう。

ところが翌日の三日になって同盟軍が片貝に集結していることが分かった。小千谷と片貝、まさに目と鼻の先だ。この時の岩村たちの驚愕《きょうがく》は想像に難くない。あるいはあの田舎家老に一杯食わされたかもしれない。そういう疑念が面談した四人の中でもやもやと湧き上がったことだろう。山県が奇襲を命じた意味がようやく分かったのだ。

間もなく鴻巣、山屋で戦闘が始まった。柏崎から届く早馬の内容は決して穏やかなものではなかったろう。小千谷陣屋は榎峠の占領と鴻巣、山屋の防衛という二つの作戦を強いられた。柏崎本営とのやりとりも考えれば、小千谷は兵士の埋葬場所まで考える余裕はなかったと思う。亡くなった者は現地で埋葬、そういう司令が各前線に出された。

浄照寺に残る官軍兵士の墓はこんな経緯でつくられたのではないだろうか。それでも個人で墓碑名を刻まれているのだからこれは墓なのだ。だが先の山屋の三人の会津兵は、墓ではなく塚だ。それにしても双方ともに何か比較しようのない哀れさを感じる。どちらも死者が死者として扱われていないように思えるのだ。戦争というどさくさで命を落とすというのはそういうことなのだろう。会津と尾張、藩主は共に兄弟。それでも藩士たちは殺し合い、死者は物のように扱われる。これが戦なのだと浄照寺の墓に参ってそう思った。

新政府軍は鴻巣、山屋では苦戦したが、榎峠の奇襲攻撃には成功した。主力は松代、尾張の両軍で、守る同盟軍は片貝の戦闘に注力していたため完全に不意を突かれてしまい輜重《しちょう》まで置いて逃げるありさまになった。しかしこの榎峠は長岡の城南第一の要害とされた守りの要で、特に長岡藩はこのまま放っておくつもりはまったくなかった。同盟軍による決死の奪還作戦がここから始まる。

五月十日、同盟軍は摂田屋で集結した。河井は軍を二つに分け、一隊を萩原要人に任せて三国街道を進ませ、もう一隊を川島（三島）億次郎に指揮させて間道から金倉山の占拠を命じた。佐川官兵衛率いる会津朱雀士中四番隊、大庭恭兵率いる衝鋒隊、立見鑑三郎率いる桑名雷神隊は遊撃軍となった。

榎峠古戦場記念碑

鯨波や小出嶋の戦いは土砂降りの雨の中で始まり終わったが、その後も雨はやむことなくずっと降り続いていた。この長雨のせいで信濃川は増水し六十年来といわれるほどの大洪水を引き起こしていた。榎峠の奇襲に成功した新政府軍だったが、この洪水のせいで小千谷の山道軍本営は信濃川を渡れず援軍はおろか補給すら送れない状況にあった。同盟軍が榎峠に孤立する敵軍をそのままにしておくはずもなく、茶色く濁り、流木が広がり、逆巻くような荒波をたてて流れる信濃川を横目に同盟軍は総力戦ともいえる猛反撃にでた。

十日の午後二時ごろ長岡軍の発砲で戦いが始まる。浦柄、妙見を固めていた尾張、松代の守備隊は孤立無援で兵力も弾薬も不足しており同盟軍の攻勢に対して連敗に連敗を重ね、とうとう浦柄に追い詰められた。山道軍は三仏生村の河原から対岸に向けて砲弾、銃弾を雨霰と乱射し援護したが効果は限定的だった。同盟軍はこの日、榎峠から妙見、山寺に至る信濃川右岸の谷筋すべてを取り返した。浦柄にこもる新政府軍守備隊は敵中に孤立してしまった。雨が翌日も続き補給も援軍も来なかったら全員討ち死にの覚悟だったろう。

だが翌十一日、雨は上がった。およそ半月ぶりに太陽が顔を出したのだ。孤立した兵たちは空を拝んだことだろう。

前日榎峠をとったのは三国街道から入った萩原要人の隊だった。萩原が榎峠から三仏生の新政府軍を砲撃する一方で、他の同盟軍諸隊は浦柄に孤立する守備隊を砲撃で攻めたてた。小千谷本営は信濃川がわずかに減水したのを見て渡河作戦を再開する。榎峠からの砲弾と急流を走る流木

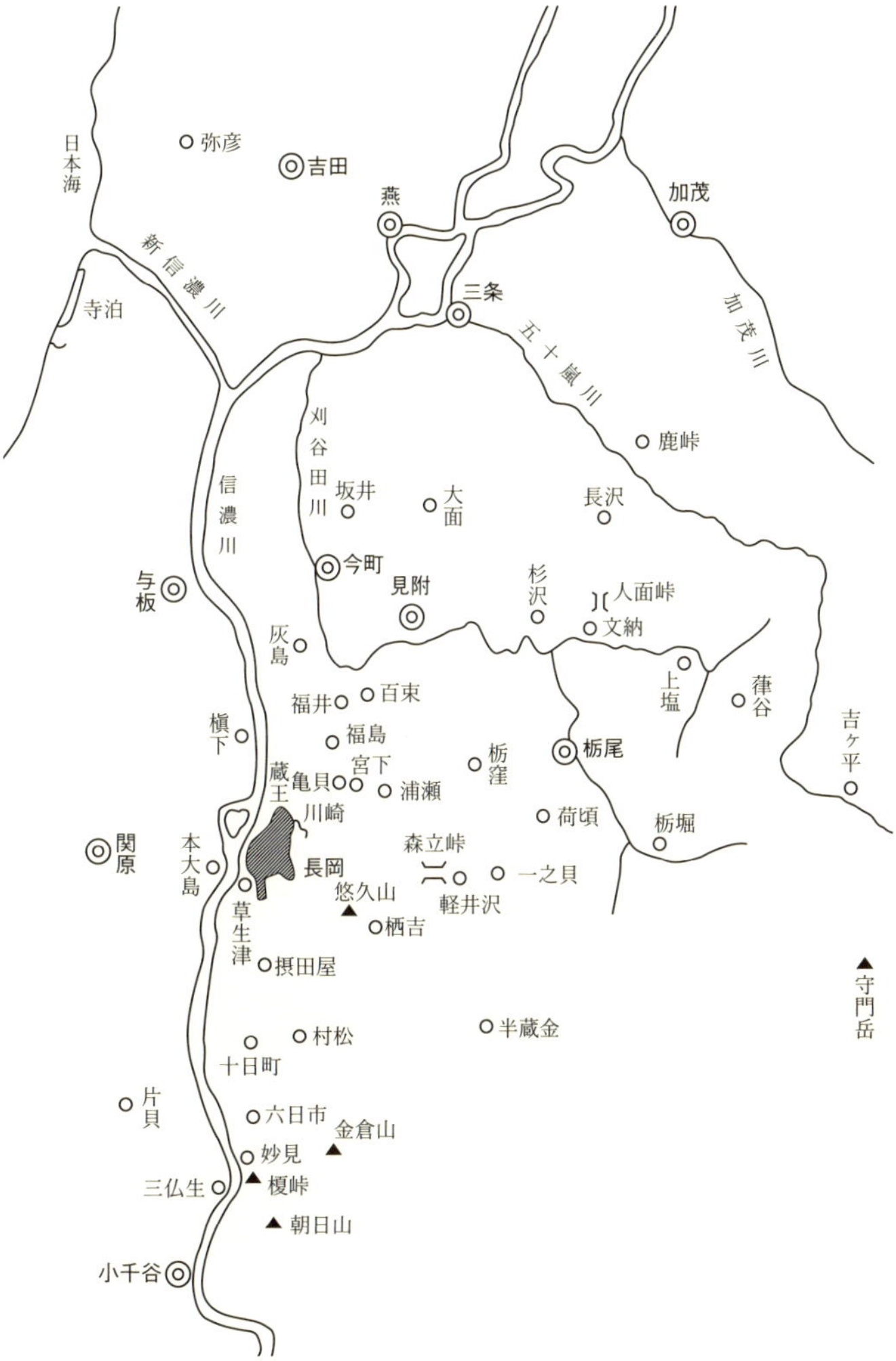

長岡城攻防戦要図　（『新潟県百年史』（上）野島出版　所収）

を避けながらの渡河だ。川を渡った増援部隊は特に妙見と浦柄で同盟軍と激戦になった。だが限られた量の兵糧弾薬しか持ってこられなかったため、弾が尽きると浦柄の兵ともども対岸に撤退した。この晴れがつかの間で、また雨になって再び信濃川の増水が始まれば増援部隊も戻れなくなる。この渡河作戦は孤立した兵を救い出すのが第一の目的だったのだろう。

またかとため息が出るような話だが、引き揚げの際に浦柄村は放火されて大火災になった。恐らく撤退する新政府軍の手によるものだろう。戦場になった村や町の最後はいつもこうだ。

この渡河作戦再開のときの逸話としてこんな話が残っている。

新政府軍は小千谷の舟子十人余りを捕らえて操舵するよう命じた。だがこれに応ずる者はいなかった。そこで刀を抜いて白刃をチラつかせたり、一舟百両と大盤振る舞いの約束をしてみたりと脅したりすかしたりしながら無理やり舟を出させたという。だがいざ支払いになると一人三両しか払われず、ずいぶんと騒ぎになったという。

それまでの戦は会津や水戸や桑名や衝鋒隊といった越後の外から来た者たちと、薩長をはじめとするやはり越後の外から来た者たちとの戦いでしかなかった。この地に住む農民や町人は自分たちにやさしい方を選んでその時々で敵にも味方にもなった。

だが、長岡藩が参戦すると戦はにわかにこの土地の戦に変わった。それまで会津への積年の恨みから新政府軍に好意的だった民衆も同盟軍に対して協力的になった。これは会津兵による略奪行為によってまた失われるのだが、それでも長岡藩への民衆の支持は変わらなかった。

長岡戦線における新政府軍の苦戦は、兵力もさることながら、この土地を長年治めてきた越後の藩、特に長岡藩を敵に回してしまったことにより、住人の協力を以前ほど得られにくくしてしまったのも一因ではないかと思っている。

長岡戦線―時山直八の死

長州にあって禁門の変、下関戦争、長州征伐、四境戦争と生き抜いた志士は歴戦のつわものと呼ぶにふさわしい。戊辰戦争の時、薩摩人から「長州人は小者ばかりだ」と陰口を言われるほど長州の人材は層が薄くなっていた。それは幕末に起きた一連の事件や戦争で先頭に立った者ほど亡くなっていたからだ。そういう人材不足の中にあって松下村塾の塾生だった時山直八はまさに「経歴」の人だった。松陰は「なかなかの奇男子なり、愛すべし」と評している。奇兵隊創設時から参加して各地を転戦した。まさに連戦無敗の立役者の一人だった。

山道軍主力の尾張や松代の兵がなかなか戦果を挙げられないなか、海道軍の参謀山県狂介は長州奇兵隊と薩摩藩兵を投入して戦況の好転を図ろうとした。山県は柏崎の海道軍本営に更なる増援を命じるとともに、榎峠を見下ろせる朝日山を奪取する奇襲作戦をたて五月十三日未明を決行の日と定めた。このとき時山は山県と共に三仏生の前線にいたが、山県は援軍を連れてくると言って柏崎に戻った。後事を託された時山は山県の来援を小千谷の地で待つことになる。だが期日の五月十三日の朝になっても山県は戻らなかった。しかもその日は奇襲にはもってこいの濃霧になった。時山は山県を待たずに行動を起こし朝日山の断崖をよじ登って奇襲をかけた。

前日の十二日、同盟軍は朝日山の山頂に通じるすべての道の頂上から二、三町（二百二十～三百三十メートル）の場所に堡塁を築いた。翌日その道の一本を時山率いる奇兵隊二百人が登ってきた。この時兵の一部はスペンサー銃を装備していた。

濃霧の中の奇襲だったので不意をつかれた長岡の安田隊は一時退却せざるをえなくなり、会津の萱野隊が守っていた堡塁は奇兵隊に占拠された。だがそこから山上までが遠かった。堡塁は取ったもののあとは一歩も上へ進めない。それは衝鋒隊や桑名大砲隊らによる山上からの銃撃と長岡、桑名、会津による執拗《しつよう》な斬り込みのせいだった。

時山は頭に白熊のかぶり物をつけていた。はっきりと指揮官と分かるいでたちだったので狙い撃ちにされたのだ。堡塁の上に顔を出した瞬間、顔面を撃ちぬかれた。恐らく即死だったろう。味方は時山の首を斬って逃げるのが精いっぱいだった。享年三十一。ここから奇兵隊の潰走が始まる。右翼に展開していた薩摩兵が一時は山上に迫ったが、時山の死を知ってすぐに退却に転じた。

山県は時山の作戦決行を知って後を追うべく後軍指揮官として浦柄の手前の横渡《よこわたし》まで進出していたが、敗走してくる奇兵隊と時山の首を見て戦況を察し、仕方なく小千谷に引き揚げたという。松下村塾の同門だった品川弥二郎は山県に対し「おまえが時山を殺したようなものだ」と生涯言い続けたという。

品川弥二郎という人はなかなかの人物である。まず経歴という点では申し分がない。高杉晋作や久坂玄瑞といった長州を代表する志士たちとさまざまなところで行動を共にしている。例えば英国公使館焼き打ちでは実行犯の一人だった。決して褒められた仕事ではないが、この頃の長州の生き残りを考えれば立派な経歴の一つだろう。

禁門の変では八幡隊の隊長として参戦し、薩長同盟の時も連絡係として桂小五郎（木戸孝允）の下で情報収集に奔走した。戊辰戦争では長州整武隊を率いて東北各地を転戦している。現在もよくテレビドラマで官軍が歌うのを耳にする「宮さん宮さん──」のフレーズ「トコトンヤレ（トンヤレ）節」はこの品川が作詞したといわれている。師である吉田松陰は「温厚正直で人情に厚く自身を飾らず、抜きん出た才能はないが心が広く奥深い」と評している。

こういう性格の人間が後年、山県に対して批判を繰り返すのだ。品川は明治政府において農政、内務の分野で活躍しており、軍事面で山県と対立したわけではない。品川から見て山県には疑念を抱かせる何かがあったのだろう。そういえば山県は慈眼寺会談の時も朝日山攻撃の時もそうだった。いつも肝心な時にいない。そして八丁沖の渡沼作戦ではさっさと逃げた。品川はそういう何かに疑念を挟んだのかもしれない。品川にいろいろ言われるたび山県は珍しく怒りをあらわにしたという。「味噌徳利《みそどっくり》」と揶揄《やゆ》されるほど慎重のうえにも慎重を重ねてきた男の一番突かれたくない部分を品川は繰り返し言及したのだと思う。

この戦の双方の犠牲は大きい。この日だけで長州の戦死者は五人、負傷者は三十四人、薩摩の戦死者は五人、負傷者は二人だった。

一方同盟軍の死者は桑名雷神隊の本田龍蔵一人だったが負傷者が八人いた。双方とも負傷者といってもほとんどが虫の息で後に亡くなった者も大勢いただろう。戦傷死は戦死として数えない。戦争における人の死とは生きている者が数える「数」なのだと思う。戦の勝敗は死んだ人間の数で決まり、死んでしまった者に人格はない。だから野ざらしにしろなどと命じられるのだ。そこが普通に亡くなった者と戦争で死んだ者の違いなのだと思う。

小千谷市船岡公園には官軍戦没者の墓苑がある。桜の名所として有名な場所で、市内を一望できる高台に立地している。墓苑は最も北側に設けられ、墓標の一つ一つに戦没者の名が刻まれ等間隔に整然と並ぶ。長州と薩摩でそれぞれ墓域があり、特に長州側ではひときわ大きく時山直八の碑が立っている。ここに眠る者の多くは凄惨《せいさん》を極めた長岡の攻防戦で亡くなった兵士たちのものだ。このひときわ整然とした並びは敵地への威圧感を表したものなのだと感じる。多くの犠牲者を出したことへの裏返しの意味があるのだろう。

一方、同盟軍の戦没者は散り散りばらばらでまとまった墓苑そのものがない。そもそも戊辰戦争終結後一年は同盟軍戦死者の埋葬そのものが許されず、特に会津兵の遺体は絶対に放置するよう厳命されていた。中には見かねて埋葬した者もいたが、すぐに掘り起こされて元の場所に放置されたという。遺体は野犬や鳥や獣に食い荒らされ腐敗し、やがて朽ちて骨となった。浦柄のあたりにはそういう野ざらしの白骨が散乱していたと伝えられている。

小千谷市船岡公園にある官軍の墓苑

　時山が襲撃した堡塁は会津の萱野隊が守っていたが、その中の一人新国源之丞は敵の襲撃を察知して頂上に知らせようと急ぎ堡塁を離れた。源之丞には十六歳の息子がいて名を英之助といった。本来は予備役の白虎隊士だったが父に従い共に戦っていた。この時英之助は仮眠中で父は息子を起こす間もなく知らせに走った。この知らせのおかげで衝鋒隊や桑名雷神隊が攻撃に出るのだが、堡塁は時山ら奇兵隊に一時占拠されてしまう。英之助はその際に斬殺された。英之助の遺体はこの時埋葬されたはずだが戦後掘り出されて放置されたのだろう。生き延びた源之丞は二十年以上もかけて息子の遺骨を探し出し墓を建て供養したという。草に埋もれた野ざらしの骨を前に崩れるように膝をつき、やがて手にとって頬ずりしながら号泣する老人の姿が目に浮かぶ。

昭和二十八（一九五三）年になって小栗山村（小千谷市）の福生寺の住職が地元の住民と共に遺骨を集めて二十一基の墓碑を建てた。六人だけは名前と会津藩士であることが知れ住職は戒名をつけたそうだが、もちろん骨の特定はできず、それどころか果たして何人分の骨なのかも分からなかった。この二十一基の碑が浦柄神社の境内に並んでいる。また新国英之助の墓もこの境内に移された。戦前山本五十六が海軍中将の時、神社の祠《ほこら》の横に戦跡記念碑を建てている。山本帯刀の養子として思うところがあったのだろう。

長岡戦線―長岡城落城

少しの間、閑話にお付き合い願いたい。

第二十四回新田次郎文学賞を受賞した歴史作家中村彰彦氏は小説『闘将伝』の中で興味深い

朝日山古戦場の会津藩士の碑（朝日山古戦場入り口　浦柄神社）

作戦の存在を紹介している。

同盟軍が榎峠を取り返し朝日山を守って新政府軍を信濃川西岸に押し戻すと、その勢いを駆って河井は一つの作戦を立てた。それは妙見から下条までのおよそ一里（約四キロ）の間に大砲を並べ対岸に集中砲火を浴びせる。敵は応戦のため兵力を集中させざるを得なくなる。この時長岡兵一大隊余りを対岸の浦村に渡河させ一気に小千谷を落とす、というものだった。作戦は承認され決行日を五月十九日の夜更けと定めた。つまり河井は夜討ちをかけようとしたのだ。

一方山県はこの奇襲の裏返しのような作戦を立てた。

同盟軍主力が榎峠を中心とする信濃川東岸に集中している隙をつき別働隊が西岸を北上して長岡城の対岸から渡河を敢行し一気に城を落とそうというものだった。海道軍は柏崎から出雲崎まで北上しており、軍監の三好軍太郎は山県とは気心の知れた奇兵隊の先輩後輩の間柄だった。山県は三好に海道軍を率いてこの奇襲攻撃を実行するよう要請した。山県が決行を指示した日は河井案と同じ五月十九日。ただしこちらは夜更けではなく夜明けだった。朝駆けをしようというのだ。夜明けと夜更け、この半日の違いが北越戊辰戦争の趨勢《すうせい》を決めることになった、と中村氏は書いている。

この作戦の存在を裏付ける史料を私は知らないので、あるいはこれは中村氏が作った小説の中だけの話かもしれない。だが、この時期、長岡城の守備が極端に手薄だったことは事実で、それは信濃川が長雨で増水していたから油断したのだ、とさまざまな資料が書き残している。

しかし榎峠、朝日山の戦いは、増水する信濃川を新政府軍が何度も渡河を強行敢行したからこそ起きた。それを増水しているから敵は来ないと油断したのだ、というのは説得力に欠ける。

中村氏の描いた内容は一方で内部情報を通報した人物の存在をにおわせる。戦争とはこうしたものなのだと思う。浦村への渡河作戦が実際に存在したかどうかは別にして、河井がこの時長岡城の守りに消極的だったことは事実である。その理由こそが長岡城落城の原因、もっと言えば同盟軍敗北の遠因になったのだと思う。本当に油断だったのか、結果として油断になってしまったのか、城の防備を手薄にしてまで小千谷陣屋へ執着したその真の理由はなんだったのか、中村氏の描いた作戦には強く興味を惹《ひ》かれる。

閑話から歴史に戻したいと思う。

新政府軍の長岡城奇襲作戦で最も問題になったのは川舟の調達だった。三仏生の舟を動かしたのでは敵にこちらの意図を悟られてしまう。また、舟賃のことでトラブルになっていたことも理由の一つだろう。そこで与板藩に交渉して舟を調達した。与板藩は新政府への恭順を早くから表明していたが、そこを衝鋒隊や市川勢につつかれ、ひどい略奪を受けて町は大きな損害を被っていた。復讐の機会をうかがっていたことだろう。与板藩の提供により三好は必要な数の川舟を調達することができた。

これより前、海道軍は五月六日に市川勢が陣取っていた椎谷藩を二度にわたって攻撃し占拠した。十四日には灰爪を落とし、翌日にかけて出雲崎を占領。市川勢は寺泊さらには弥彦へと退却した。海道軍はここから南に転じ関原に進駐した。ちなみにこの日江戸では彰義隊が壊滅している。新政府軍にとって五月十五日は偶然にも攻勢の日になった。

五月十四日に村松藩が同盟軍に加わり十六日には長岡兵と共に草生津の守備についた。そして同じ日、海道軍は大島・槙下村に大砲を据え対岸の草生津、蔵王に向けて砲撃を始めている。このとき異変に気付いて榎峠の部隊を少しでも移動させておけば一気に城を抜かれることもなかったと思うが、このあたりの注意はどうなっていたのだろう。閑話でも述べた通り残念であり不思議でもある。

五月十九日未明、七つ刻というから午前四時ごろだろう、朝霧が立ち込める薄明かりのなか、三好軍太郎は大島村から舟を漕《こ》ぎだした。榊原若狭率いる高田兵二百人を先頭に長州奇兵隊がその後に続いた。同じ頃鼠島村（長岡大橋西詰め付近・現在は水没して存在しない）からも高田藩家老竹田十左衛門率いる一隊が薩摩軍と共に岸を離れた。一方、三仏生のあたりでは新政府軍による一斉砲撃が始まっていた。同盟軍の注意を信濃川上流に向けさせておくためだ。

濃い霧のなか昨日まで確認できなかった多数の小舟がこちらに向かって迫ってくる。同盟軍守備隊はずいぶん慌てたことだろう。とにかく摂田屋に急使を走らせ指示が返ってくるまで、できるだけの砲撃を加えて少しでも敵の上陸を防がなくてはならない。守備隊も必死だったと思う。

高田も長州も薩摩の兵も対岸から飛んでくる砲弾を避け、高々と上がった水しぶきをかぶり、大波に揺られながらの渡河だった。逃げる場所がない中で敵の砲撃に近付いていくというのはどういう気分なのだろう。先鋒となった高田兵などは随分と恐ろしい思いをしたと思う。守備隊が引くまで矢のような砲撃を受けたのは先鋒だった高田兵だったからだ。

新町に上陸した高田、薩摩の両軍は神田町から武家屋敷へと火を付けながら城へ迫った。また三好が率いる高田、長州の両軍も中島に上陸して民家や兵学所に放火し、さらに呉服町、表町と火をかけながら城へ向かった。同盟軍守備隊は渡町（渡里町）、大工町のあたりで踏みとどまっていたが続々と上陸してくる海道軍を支えきれず大した抵抗もできぬまま総退却を始めた。

河井は摂田屋の光福寺にいて新政府軍の奇襲を知った。知らせを聞くと直ちに単身馬で城下に駆けつけた。ガットリング砲を持ち出し渡町の木戸に据えて自ら撃ったという。ガットリング砲は高さの調整はできるが左右の調整に手間がかかる。しかも台座の位置が高いため敵から見て射手の姿が丸見えの状態になる。河井は狙い撃ちにされ、その一発が左肩を撃ち抜き、仕方なく城内に引き揚げた。

長岡城は土塁造りの並郭式という江戸期によく見られる官庁としての城だった。千鳥破風と唐破風の組み合わせが美しい天守だったというが、何せ平城であるため守るには不利だった。城へ引いた藩士たちは藩主一族を森立峠から八十里越で会津へ落とす手はずを済ますと城に火を放った。

天守が燃えるのは榎峠からも見えたことだろう。長岡兵が「いま逃げたよ」という烽火を上げたのである。火薬庫が爆発したというから大音を発して火勢も強かったろう。町民は逃げまどうしかなかったと思う。町が燃えてなくなる、ここの住人は時代を経てもう一度そういう経験をすることになる。

こうして長岡城は陥落した。河井は負傷した左肩を庇《かば》いながら悠久山に出て森立峠を越え栃尾の葎谷《むぐらだに》に向かった。策を立て、敗れ、逃れ、しかし諦めず再起を期す。河井の峠を越える思いは龍の目となって表れていたと思う。

陽動攻撃といわれる戦術がある。同じ頃、榎峠ではこの陽攻が行われていた。敵をあえて釘付《くぎ》けにし移動させないという高等戦術である。指揮したのは桑名雷神隊の立見鑑三郎だった。立見は長岡城が抜かれたことを知ると撤退するどころか対岸の新政府軍に対し猛砲撃を始めた。大砲、小銃による砲火を集中させ小千谷残留部隊を釘付けにしたのだ。このおかげで城が燃えるまで小千谷の部隊は長岡の別働隊と合流できなかった。長岡藩主の一族が城を抜け出す時間を得られたのも、この陽攻のおかげだと言えなくもない。

立見は後に名を尚文《なおふみ》と改め陸軍に入る。西南戦争では少佐、日清戦争では少将として出征した。日露戦争では中将として第八師団を率い黒溝台会戦を戦っている。

余談だが八甲田山雪中行軍の遭難事件は立見が第八師団長を務めていた時に起きた。雪中行軍隊は第八師団歩兵第四旅団の五連隊と三十一連隊だったが、青森五連隊が山中で遭難し多くの死亡者を出した。軍の非人間性と言ってしまえばそれまでだが、弘前三十一連隊の福島泰蔵大尉率いる小隊が踏破に成功したため立見は一定の評価を得た。寒地行軍での教訓、八甲田山系の冬季連絡網の確立に大きな功績を残したということなのだろう。しかしこれは、私に言わせれば、軍が評価したというより、立見がそう評価させたのだと思えるのだ。

こんなエピソードがある。日露戦争の際、ある薩長出身の幹部二人が戊辰戦争の話をしていると立見は「おまえたちはあの時、私の前から逃げたではないか」と言って二人を黙らせたという。立見尚文は実際の旧幕府軍出身者でありながら最後は陸軍大将として生涯を終えた珍しいタイプのたたき上げ軍人だった。この人物からは、死んでいった仲間のためにも絶対に薩長の評価に屈しないという強靭《きょうじん》な精神を感じる。それが「賊軍」をして陸軍大将にまで上らせしめた原動力だったように思えるのである。

長岡城を追われた同盟軍は本営を加茂に移し、新政府軍は長岡城に諸藩会議所を置いた。ここからふた月と十日の間、戦線は膠着《こうちゃく》し見附、中之島を中心に局地戦が繰り返されることになる。新政府軍は西国諸藩から増援を募り、同盟軍も東北諸藩から増援がやって来る。戦争の規模は格段に大きくなり会津の他に別の場所で別の戦争をやっているような状態になってゆく。「賊」や「官」や「正義」といった戦の名分によって戦争は凄惨さを増すのである。

第五章　村松藩は決断したのか

平成二十四（二〇一二）年の小著『最後の決断　戊辰戦争　越後四藩の苦悩』は当初、四藩ではなく五藩を描くつもりでいた。四藩とは高田・長岡・新発田・村上の各藩のことで、描きたかったもう一つは村松藩だった。ところが調べるほどにある迷いがつきまとった。それは、村松藩は果たして決断したのか、という疑問だった。

表高三万石、幕末の文久年間には財政が悪化して貢租収入は一万九千五百石にまで減った。給与、扶持米《ふちまい》を除けば換金可能な石高は「八千から九千石程度」だっただろうと村松町史は記述している。

表高の三分の二以下の収入で藩の政治、財政を運営しなければならないということは、不足分を商人から借り入れるということになる。証文の束を突きつけられ、それでも藩として独自の決断が下せたものかどうか、現実的には難しかったと思う。理由は財政だけではない。

江戸時代の大名には一国すべてを治める国主から国元に城を持たない無城まで五つの階級があった。村松藩は藩の草創期から嘉永年間まで国元の居所が陣屋だったので、五番目の無城という階級の大名だった。与板藩や糸魚川藩と同格だったということになる。

嘉永三（一八五〇）年二月、九代藩主直央《なおひさ》の時に幕府から築城を許され村松堀家は城主格になった。貢租収入は乏しかったが御家は階級が上の城持ち大名に昇格したのだ。

藩主が改革を望み、家臣がそれを阻む。どこの藩でも起きたことだが、村松藩の場合、それが

村松城跡公園　公園内には郷土資料館も整備されている

恐らく小藩であったために、藩内闘争は近隣諸藩に知れ渡るほど激しいものになってしまった。そして会津はこれを見逃さなかった。その結果、村松藩の争いは刑死者を出すまでに拡大してしまい、それが大藩に利用され、介入の機会を与え、結局は決断できぬまま明治を迎えたのではないか、という疑念が私自身の決断を迷わせてしまった。

村松藩は長岡での戦いが始まるとほぼ時期を同じくして同盟軍として参戦してくる。ここに藩としての重大な決断があったのか否か、村松藩の死傷者が決して少なくないだけに、この機会に改めて探ってみたいと思う。

草　創

大きな大名が陰謀や外からの圧力で内紛を起こしやがて分裂して小さくなり、中には滅亡してしまう家もある。鎌倉政権以来こういう悲劇は繰り返されてきた。まず源氏がそうだったし、足利もそうだった。細川や織田や上杉もそうだった。例を挙げればそれこそ切りがない。村松藩主の堀家もそういう中の一つだった。堀家はかつてそれはそれは大きな大名だった。

村松堀家の初代直時《なおとき》は当時の村上藩主堀直竒の次男だった。直竒は堀直政の次男で、直政は堀秀政の重臣だった。奥田という親族だったが後に堀氏の姓をもらった。直政の主君秀政こそ久太郎秀政、秀吉がかわいがった希代の智将だった。堀家は秀吉から重用されたが家康からは危険視された。一族内で分裂や対立が起き、秀政の子孫たちはその多くが大名ではなく家臣として残った。村松堀家は秀政の傍系にあたり直系ではない。この直系でなかったことが、村松堀家が大名として残った要因の一つだったと思う。

初代直時が村上藩から分家して陣屋を構えた場所は村松ではなく安田（現阿賀野市）だった。直時の子で二代直吉の時代、寛永二十一（一六四四）年五月に村松へ移り、そこから村松藩が始まる。

この藩の家臣団は江戸時代を通じて藩主の一族と草創期の家臣が強く結束しており、門閥家臣として新参者を排除し続けてきた。その筆頭が堀玄蕃《げんば》家で太郎兵衛を称し幕末には右衛門三郎と名乗っていた。初代は直政の四男で直竒の異母弟にあたり、初代直時とは叔父と甥の関係になる。どこの藩にもこういう直系の家臣はいるが、新参者を受け入れなかったぶん、その権力基盤は強固だった。こういう体制は往々にして藩主の意思をも否定するようになる。少なくとも門閥派にとって利益にならない改革には手をつけたがらない。世間で何が起きていようと変革の基準は門閥派の利益が優先されるのだ。

　幕末の村上藩も藩論が勤皇と佐幕に割れて激しく対立した。この藩の場合、勤皇派の前藩主が帰国できず国元に不在だったということが勤皇派の力を弱めてしまった。

　村上藩は戊辰戦争の間、若い藩主が命を縮めて憔悴《しょうすい》するほど保守と勤皇が激しく対立した、という経緯がある（『最後の決断』に詳述）。藩主を病死、あるいは自殺に追い込むほどの葛藤、対立が藩内にあったとはっきり確認されるので、藩の去就に何らかの決断がなされたのだと判断したのだが、村松藩の場合、改革派の藩主が亡くなり、にわか仕立ての新たな藩主が分家の出で、門閥家臣を抑えられるほどの力を持っていなかったという事情があった。それゆえ表立った藩政上の対立は起こらず、だからこそ藩としての決断は果たしてあったのかと私自身逡巡《しゅんじゅん》したのだ。

　それにしてもこの時期の門閥派の巻き返しはすさまじい。時は文久年間、長州、薩摩、会津が激しく対立しながら攘夷、公武合体と動いていた激動の時期である。この世間の動きと藩内の抗争がまるで合わない、という印象を受ける。幕末の村松藩に何が起きていたのか。改革派はどう生まれ、どう滅んだのか。まずはそのあたりから探ってみたい。

幕末の改革と挫折

　改革というものをどう捉えるか、それは立場によって、環境によって、あるいは動機によってそれぞれ意識に違いが出る。そもそも改革とは現行の体制はそのままに時代や現実に合わなくなっている箇所を変えていく行為で、大方が時の為政者によって企画され実行される。体制を破壊して根本からつくり直そうとする革命とはここが違う。

幕末という時代はその字の通り幕府が滅亡に向かっていく時代のことだ。国際環境にさらされ日本は旧来どおりというわけにはいかなくなった。欧米から緩やかな変化ではなく急激な変化を要求された結果、二つの潮流が生まれた。一つは幕府が主導して国を変える流れ、これは改革にあたる。いま一つは新しい勢力が幕府に代わって国をつくる流れ、これは革命ということになる。前者の担い手は幕府と会津藩、後者の担い手は薩摩と長州の二藩だった。フランスは幕府を支援し、イギリスは薩長を支持した。

国全体の大きな流れとして革命運動が勢いを得てゆく一方で、多くの藩では為政者による小手先の改革がちまちまと行われていたというのが現実だろう。国が進んでいる方向と地方の藩で起きていることの差が質、スピード、熱あらゆる面で大き過ぎたのだと思う。明治新政府で薩長が要職を独占したのも、もとはといえばこの意識の違いが要因になっている。地方の小藩出身者が要職に就くようになるのは学校制度が充実する明治三十年代になってからだ。そう考えると、幕末の各藩の為政者たちの罪は大きい、と言わざるを得ない。村松藩もその中の一つだった。これは仕方のない事実だと思う。

ペリーの来航以来、世間は騒然とし幕府はもとより地方の小藩でさえ軍事面での改革が急務となった。槍と刀と火縄銃では黒船に対抗できそうもないと世間が気付いたからだ。

藩主が門閥家臣を抑えてまで藩政の改革に乗り出そうとする背景は財政の逼迫《ひっぱく》と制度疲弊が大きな要因だろう。自分が治める藩が世間の流れと明らかにずれていると感じたとき、藩主はその力を新しい家臣団の形成に使おうとする。門閥派は陰に陽にそれを妨害しよう画策する。幕末の村松藩はまさにその状況にあった。

九代藩主直央《なおひさ》は門閥以外からも側近を登用し直接指示を出して藩政改革に取り組んだ。御直改革と呼ばれる。政治面では堀氏以外から水野作左衛門（忠倚）を実質的な筆頭役に充て、財政面では小川平次右衛門という百五十石の中級武士を登用して財政の立て直しを図った。あまり知られていないが、実はこの時代、ちょっとしたバブル経済が起きていたのだ。それは金と銀の交換比率に由来する。

江戸期を通じて江戸は金本位、大坂は銀本位で流通貨幣の種類が違っていた。例えば越後の場合、新潟湊は銀貨、長岡町内は金貨が流通貨幣になっていた。北前船は大坂で商いをするので寄港地の新潟湊では銀が流通していたのだ。金と銀の交換は金一に対し銀五の比率だった。

ところが欧米では金一に対して銀は一五の交換比率だった。日本の銀の価値は欧米の三倍、金は三分の一ということになる。そこで欧米人は日本に大量の銀を持ち込み通常より割高の交換比率で金を買い取った。つまり銀で金を買いあさったのだ。安政六（一八五九）年には百万両の金貨が海外に流出したといわれている。この古金売買の波は翌年の安政七年になると京や江戸から北上して越後にまでやって来る。最初は古金貨が売買の対象だったが、やがて現行通貨の一朱金や小判なども一割増しで買い取られるようになる。村松藩内でも古小判一両分に銀二両から三両分の値段で買人がやって来たと記録が残っている。人々が古金売買に狂奔している様子が伝わってくる。

幕府は金の流出を抑えるため金貨を改鋳して軽量化した。要は金の比率を下げたのだ。この結果、貨幣価値が暴落し、米価をはじめとして物価が急騰した。それまでのデフレが一転してインフレに急変したのだ。

元来都市型の経済でない地方の小藩にとってこの物価高騰はむしろ領民の生活向上に寄与した。下田産の堅炭、鍛冶炭、紙が高く商いされ、何より米の値段が上がって高く売れるようになった。金の蓄えができ生活に活気が出たと森町組北五百川村の肝煎《きもいり》、藤田嘉源治が記した日記「陰陽記」が伝えている。財政立て直しの成否はともかく、領民、特に農民の生活向上には成功したと言えるだろう。またインフレになったぶん、借金の返済も幾分か楽になったはずである。ただし、消費者である武士の生活は苦しかったと思う。

直央は安政四年に六十一歳で隠居し政治向きは子の直休《なおやす》と水野作左衛門に任せ、自らは小川平次右衛門と共に勝手方を掌握して御直改革を継続していた。

万延元（一八六〇）年七月十二日、藩主直休が急死する。江戸からの帰途、村松領鹿峠で容体が悪くなり九日後に亡くなった。二十五歳だった。直休には徳次郎（後の直張）という満一歳にもならない乳飲み子がいたが藩は徳次郎をすぐに後嗣とは決めず、幕府にはひとまず「病気」と称して直休の死を伏せた。

直休が亡くなった翌日、小川平次右衛門が勘定頭役を退き、さらに翌日の十四日には直央自身も勝手方を家臣に引き継いで完全に隠居してしまった。こうして御直改革は突然終止符を打つ。その直央も九月三日、御馬屋から帰る途中、堀主税の屋敷の前で急病を発し三日後には亡くなってしまった。このあたりから藩の動きは慌ただしくなる。

十月六日、藩は直休の死を正式に公表し、同時に十一代藩主として直賀《なおよし》を幕府に届け出た。直賀は傍系で六代藩主（直央は九代、直休は十代）を務めた直教の孫で名を栄之助といい直休の養子に入ることで藩主になった。徳次郎の義兄ということになる。この時直賀は十八歳だったが徳次郎が成人するまでのつなぎとして登場したのだろう。にわか仕立ての藩主に直央のような強いリーダーシップは望むべくもなく、やがて門閥派の家臣たちが力を盛り返してくる。

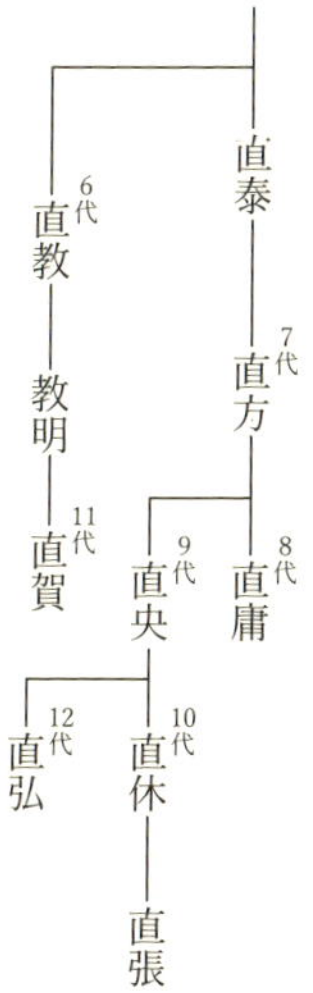

堀氏系図部分
（『村松町史』（上）　所収）

堀門閥派政権

翌文久元（一八六一）年三月に直央の死が公表されると、八月には大規模な人事の入れ替えが行われた。この頃から筆頭年寄の堀右衛門三郎を中心とした門閥派と年寄役水野作左衛門を中心としたかつての直央側近派の対立が激化する。やがて水野は直央死去の際に不正を働いたとされ、十二月には隠居に追い込まれた。

文久年間といえば坂下門外で老中安藤信正が襲われ、京では寺田屋事件が、横浜では生麦事件が起き、それがやがて薩英戦争に発展。一方長州は下関で攘夷を決行し、同じ年の八月には会津と薩摩の計略により御所警護の任を解かれ京を追われる、という激動の三年間だった。こういう緊迫した情勢のなかで村松藩は門閥派の手によって改革が行われることになる。

その内容はおおむね財政再建と軍制改革に分けられる。財政再建の方は倹約令と家業第一が柱で、軍制改革は主に西洋流鉄砲の稽古だった。どちらもこれといった成果は上がらず特に財政再建については肥大化した組織の整理に手が付けられず、細かい支出がかさむばかりで赤字はさらに拡大するという結果に終わった。私の印象としては遠目で幕府の改革に倣いながらも本気で変えるつもりはない、という印象を受ける。この時期、村松に限らず多くの藩で似たようなことが行われ、似たような結果に終わっていた。

だがその一方で、高田や長岡は門閥以外から人材を登用し行政や財政の改革に本気で取り組んでいたし、新発田は積極的に軍制改革を行い、他に農民や商人の子弟らを選んで軍事教練をほどこし草莽《そうもう》の部隊を編成するという明らかに幕府の方針とは違う改革も行っていた。後の正気隊である。

何のための誰のための改革、変革なのか、成否はその観点がしっかりと定まっていたかどうかの違いからくるのだと思う。

正義党の起こり

水野作左衛門が失脚すると門閥派は直央側近派を要職から追った。その追われた中の数人、下野勘平、岡村定之丞、山崎弥平らが中心となって「咄講《はなしこう》」という時事問題を協議する会を結成した。文久三（一八六三）年のことである。水野の失脚から一年余りで活動し始めたことになるが、会が発足した頃は思想に特定の方向性はなく、佐幕説や尊皇論について忌憚《きたん》なく話し合うという程度の会合だった。

翌年三月には下野、岡村、山崎の他に稲垣覚之丞、佐々耕庵、蒲生済助、中村勝右衛門、中山三郎左衛門を加えて総数は八人になった。彼らは全員水野と何らかの関わりを持っていた者たちで、後の正義党七人衆（村松七士）はこの咄講が母体となっている。

文久三年八月十八日に長州が禁裏を追われるとそれまでの攘夷熱は一気に冷め勤皇討幕から公武合体へと再び流れが変わる。長州の時代は去って再び幕府の時代が訪れたかに見えた。

元治元（一八六四）年一月、村松藩主直賀が雄藩連合の一員として孝明帝への拝謁《はいえつ》、いわゆる朝観《ちょうきん》の可能性があるとされ藩はこれを期待して領民に御用金二千両を課した。この雄藩連合構想は長州処分問題をめぐって意見が割れ三月から四月にかけて自壊してしまう。そこで藩は直賀の朝観の可能性を探るため咄講の一人で医師の佐々耕庵を京へ派遣した。耕庵は足軽の泉仙助を伴って京に入り特に長州人と多く接触した。

一方藩主直賀は、幕府から命じられた日光普請や新潟奉行所から命じられた新潟警衛、八十里越新道の整備などの新たな普請供奉《ぐぶ》に朝覲を諦め七月には帰城した。供奉に朝覲ではあまりに負担が多すぎると過分の資金需要を気にかけたのだと思う。耕庵は藩主の帰国に先んじて六月下旬に帰国し京の情勢を後に報告している。

また従者の泉仙助は耕庵と別れてさらに長州にまで足を延ばし慕義隊に入隊して家老の清水美作（親知《ちかとも》）にも対面している。

清水は長州藩正義派の代表的な家老の一人で、後に高杉晋作が馬関で挙兵した際に報復処刑の対象とされ野山獄で切腹させられた。あの高松城水攻めの際に切腹した清水宗治の十二代目の子孫である。

京の情勢に触れた佐々耕庵や直接長州人と交流を持った泉仙助は帰国後、咄講の他のメンバーと会合を重ね、やがて咄講は正義党と称して、それまでになかった一致した行動を取るようになった。門閥派の堀右衛門三郎政権はこの動きに警戒色を強め、正義党の動向を逐一探らせて分裂工作を始めた。

弾圧

村松藩という藩は外様でありながら開闢《かいびゃく》の時から準譜代という意識が非常に強く、常に幕府の意向に従って幕府寄りの政策を推し進めてきた。藩の領地は長岡藩領や天領と隣接していて、要は周りを幕府と譜代大名に囲まれている状況にあり、それが長い間続いて当たり前のような感覚になっていた。

加えて慶応元（一八六五）年からは蒲原郡が会津藩の預かり地となり、会津はそこに多くの兵を駐屯させて越後国内に威圧的ともいえる影響力を及ぼし始めていた。この環境で村松藩に選択の余地などほとんどなかったと思われる。もっと言えば、会津藩が近隣の酒屋に陣屋を置いた時点でこの藩の進む道はほぼ定まってしまったのではないか。私が「果たして村松藩は決断したのか」という迷いを持つもう一つの理由である。

家老の堀右衛門三郎は分家出身の藩主よりむしろ会津藩に従い、会津の威光を背景に藩の舵《かじ》取りを行おうとしていた。藩の実質的な実力者である門閥派の代表がそういう判断を下して動きだすなか、三万石程度の小藩の内部にあって他の者にいったい何ができたというのだろう。藩主でさえ口出しできない空気があったのではないだろうか。しかしそれでも尊皇派の勢力は反会津派、藩主擁護派、軍制改革派として確かに存在したのである。

門閥派は慶応元年の六月から七月にかけて第二次長州征伐で揺れる京、大坂、西国に坪井静作、清水軍治の二人を派遣し情勢を探らせた。もちろん征長軍の立場として探らせたのだろう。堀右衛門三郎は幕府と会津の意向におもねって二人を派遣したのだろうし、坪井らが色眼鏡でこの戦を見ていたことも容易に想像がつく。それは同じ頃に門閥派による正義党の分裂工作が始まり、同じ年の秋には蒲生済助を不調法のかどで隠居させていることからも分かる。

藩が第二次長州征伐の動静を正確に掌握しようと考えたか、あるいは派遣された二人がもっと客観的に観察、報告しようと努めたなら、まずこの時点で尊皇派を弾圧し処刑するという政治的選択はあり得ない。処断を先延ばしにするか、あるいはもっと穏便に済ますか他に方法はいくらでもあったはずである。ではどうしてこういう結果になってしまったのか、少し考えてみたい。

禁門の変以降、幕府は長州への弾圧を強めた。全国の藩ではこれに倣うように長州と通謀した人物を処罰するという幕府へのアピールが行われた。それにしても村松藩による正義党七人衆の処刑は時期が遅すぎる。

まずは蒲生済助と中村勝右衛門を処分し、その後、残る五人と足軽の泉仙助を捕らえ拷問にかけて投獄した。これが慶応二年十一月十六日のことである。

三カ月前の七月には将軍家茂が死去し、これを機に征長軍は撤兵を始めて翌八月には完了させている。正義党弾圧は第二次長州征伐が事実上失敗に終わった後で行われたことになる。

連座して捕らえられた者は全部で五、六十人。正義党の血縁者か手附組足軽という藩内下級武士層に属する者ばかりだった。弾圧の理由としては門閥派の治外記《はるげき》が語ったとされる調書が残されている（「村松侯類役治外記江内密聞合対談書取写」）。それによれば「現藩主直賀は後見の立場で藩主に就いた。直張《なおかず》が十二、三（実は七）歳にもなった今、もはや後見の必要はないが、正義党は幼君では万が一の場合対処できないとして後見の立場を引き延ばそうと考え、そのために幼君の直張を毒殺し堀右衛門三郎を闇討ちにしようと画策した」（現代訳筆者）という嫌疑だった。内容の真偽はともかく、興味深いのは直賀と正義党の結びつき、門閥派と嫡流の直張の結びつきで、これが対照的に語られている。この事件は勤皇派への弾圧というよりは藩内の権力闘争だったのだろう。それは捕らえたときの処分を見ても分かる。一人が隠居であとの六人は投獄。連座した者は二十人が揚がり屋送りで、他は慎み（謹慎）だった。幼君の毒殺をもくろんだわりに刑死者はいない。門閥派は正義党の政治的な排除が目的で、初めは処刑するところまでは考えていなかったのだ。だから長州征伐失敗の後だろうが、そんなことはどうでもよかったのだ。

ところが、この正義党の一件が風聞となって近隣各藩に知れ渡ってしまった。「正義党は長州藩と通謀しており、彼らを処刑しないところをみると藩論もこれに傾いている」と噂され新潟奉行所も疑心をあらわにした。門閥派は会津藩にお伺いをたて自らの手で正義党を処分し「身の潔白」を証明しなければならないという状況に追い込まれたのだ。

「何ならまずは貴藩と一戦交えてもよいが」などと脅されたのかもしれない。門閥派は捕らえてあった七人を慌てて処刑した。

慶応三年五月十九日朝七つ（午前四時ごろ）、会津藩士三人の立ち会いのもと、五人（中級武士）は堀主計の下屋敷で切腹、佐々耕庵（医者）と泉仙助（足軽）の二人は新田町の牢屋外で打ち首となった。罪状は刑執行の際の「申渡」によると「公儀を恐れぬ企てが御家を危機に貶《おとし》めた。これは不届き至極である」（現代訳筆者）というものだった。公儀を恐れぬ企てとはどういう内容で御家はなぜ危機に至ったのか具体的なことは何も記されていない。死を命ずる理由に事欠いた処刑だったことは明らかで、会津藩士の立ち会いは、これが会津藩の意思によるものだと言わんばかりの門閥派の言い訳に映る。だが門閥派がいかに取り繕おうとこの処刑が会津藩との共同謀議の結果であることは間違いないだろう。これで門閥派政権はもはや会津と行動を共にせざるを得なくなり、後戻りできない状況に自らを追い込むことになった。

堀右衛門三郎は長岡城が二度目の落城を喫したあと米沢へ落ち、明治二（一八六九）年五月に逆賊として斬首されている。結果として、この正義党七人衆への処断は自らの処刑宣告に署名したに等しい行為となった。後にそれがどういう結果を招こうと、事態はもはや自分たちの意思ではどうにもならないところまで来ていたのだろう。幕府に倣うことでしか藩を運営してこなかった地方の小藩の門閥家老の限界が七士の処断から見えてくる。藩の意思というよりは倣う側の大国の理屈で動いているのだ。さしたる意思を持たない小国の悲哀とはこういうことなのだと思う。

村松藩の墓標

村松藩は決断したのか、その問いに対する答えはやはり「なかった」と言わざるをえない。正義党七人衆が刑死した後も尊皇派は存続し「正義連」と称して勢力を保った。長岡藩が会津へ落ちた後は直央の末子貞次郎（直弘）を擁していち早く新政府軍に降伏して村松藩の本領安堵を受けている。門閥派が何がしかの決断をして正義党七人衆を処断したのなら、その時点で尊皇派を根絶やしにする政策が取られたはずである。だが処断は七人衆に対してのみ行われ、あとは権力闘争をした形跡もなく留め置かれた。

正義連のメンバーは小川平次右衛門や水野但見兄弟（水野作左衛門の子）といったいずれも七人衆の流れをくむ改革派の子孫たちだが、門閥派は彼らを断絶するところまではしなかった。このことは七人衆の投獄がそもそも尊皇派弾圧というより権力闘争だったことを物語っており、後になって尊皇派弾圧にすり替えた結果による。会津藩に迫られ慌てて行った処分だけに親族にまで罪を及ぼすことまではしなかったのだろう。

この藩は会津藩から命じられるがままに動き、引きずられるようにして同盟軍に参加したにすぎない。決断する余地すら与えられていなかったと言ってもいい。

赤坂峠古戦場の碑（三条市）　下田郷の激戦地で、村松藩士が大勢亡くなっている

この後も正義党は藩内下級武士層を中心に支持を保ち、戦争が始まり同盟軍に参加しても尊皇派として存在し続け、それが藩論の統一に影響して各所で組織の脆弱さを露呈した。長岡城が最初に落城した際も、守備に就いていたのは村松兵で、加茂軍議の場で河井継之助が「村松藩が新政府軍を手引きしたのだ」と詰問した話は有名である。

勝敗の行方がはっきりした八月一日、門閥派は直賀をいただき既に直張がいる米沢へと落ちて行ったが、正義党の残党は村松に残留した。藩論は最初から割れていたと見るべきだろう。

堀右衛門三郎は決断する間も得られぬまま会津の意思に従った。命じられるままに参戦し、やがて敗戦の日を迎え、遂には首を落とされた。そこに藩の行く末を思って反体制派と真剣に向き合い話し合った形跡は認められない。決断以前の問題で、もはやどうにもならない状況だったのだろう。

では村松藩だけが自らの意思を持たない脆弱な組織だったのかといえば決してそうではない。むしろ全国的に見ればこういう藩が圧倒的に多かったのだと思う。

徳川幕府のシステムは外様から思考能力を奪うことに重点が置かれていた。幕府の意向に従わず独自の考えなど持てばたちどころに御家取りつぶしが待っている。外様の、中でもとりわけ十万石以下の小藩は家と領地を守るため汲々《きゅうきゅう》として幕府の思考停止政策に従ってきた。二百六十年もの長きにわたってである。

天保の頃になると各藩は藩政改革を行い、ほんの少数だが財政再建に成功して財力を持つ藩も現れた。薩摩、長州、肥前などがこれにあたり、戊辰戦争直前の長岡藩も十一万両という戦費を調達できるほど強固な財政基盤を築いた。

だが大方の藩は、財政面で商人に縛られ、長い間の思考停止が祟《たた》って幕府から離れた独自の改革など成し得なかったのだ。

新発田藩や長岡藩や高田藩のように自ら考え決断した藩の方こそ少数派中の少数派で、全国のほとんどの藩は村松藩のように近隣の大藩に引きずられて参戦したのだ。それが外様の多い西国なら新政府軍となり、村松藩の場合は会津領が隣接していたため同盟軍として参戦することになった。戊辰戦争の戦いが北関東、会津、越後にほぼ限定されているのは会津藩の前線地帯だったからに他ならない。

堀右衛門三郎はどこの藩にもいる普通の門閥家老だった。幕府におびえ、会津におびえ、藩の反対派におびえる世間に疎い特権階級だったのだ。こういう藩が普通の藩だったのだと思う。

反体制派として門閥政権に処刑された正義連は明治になって勤皇の志士として祭られた。村松の住吉神社には村松七士の碑が残っている。

第六章　米沢藩がやって来た

越後人の上杉と米沢藩の上杉

越後人はまずとにかく上杉謙信が好きである。謙信の居城だった春日山には既に城郭はなく石垣すら残っていない。だがこの山城跡だけはひきもきらず人が訪れ、本丸跡まで登ってもさしてがっかりした様子もなく、むしろ満足げな笑みを浮かべて戻ってくる。日本中に星の数ほどもある戦国の山城跡の中で、この春日山はまるで何もかもが残っているかのように別格の人気を誇っている。越後人の謙信に対する思いが廃城の山を今も城のある山のように見せているのだろう。

謙信が急死すると上杉家は分裂し、大きな内乱を経て上田長尾氏の景勝が家督を継いだ。景勝は豊臣秀吉に従って中央政権に参画するが、越後という強大な国力を持つ要の地を一人の手に委ねるほど秀吉は上杉家を信用していたわけではない。

蒲生氏郷と伊達政宗の対立の結果、会津と米沢が空地となり、会津は景勝に、米沢は家老の直江兼続にそれぞれ与えられ、その代わりに越後は堀氏の領地となった。この時から上杉家は越後を失い、以降旧領へ戻ることを悲願としてきた。

秀吉が亡くなると後を継ぐ政治権力を巡って争いが起きる。石田三成を中心とする西の連立政権と徳川家康を中心とする東の幕府政権とで戦となり、景勝は西軍に味方して徳川氏と対立した。だが戦は東軍の勝利で終わり、上杉家は会津を追われ、百二十万石から三十万石に削られ、直江兼続の領地だった米沢へ移封になった。

越後人の好きな上杉家はこのあたりまでで、あとは「東北雄藩の一つ米沢藩」という距離を置いたものになる。越後人にとって春日山神社と米沢の上杉神社とではその親近感がまるで違う。ここから先の上杉家はもう謙信の上杉家ではないという感覚なのだろう。越後人がたまらなく好きなのは謙信とその時代の越後で、そういう思いの象徴が春日山なのだと思う。

ところが米沢藩としてはそうは思っていなかった。色部、本庄、中条、竹俣、甘糟など、かつての越後の旧領を名乗る家臣団は存続し、旧領越後に戻ることも御家の悲願として長く残り続けた。

幕末、米沢藩は徳川幕府や会津藩に特に強い恩義を感じていたわけでもないのに同盟軍に加わり、しかも積極的に越後へ主力部隊を送り込み多額の戦費を投入した。考えられる理由はそう多くない。例えば世子茂憲《もちのり》の正室は会津藩主松平容保の義理の姉だった。義姉といっても遠縁で、しかも容保ら高須四兄弟はそれぞれ敵味方に分かれて戦っており、この兄弟関係が一藩の命運を決定付けたとはとても考えにくい。

またこの藩は、二百年前に会津藩租の保科正之に御家取りつぶしの危機を救われているのだが、そもそも取りつぶそうとしたのは幕府で、保科正之が助けたのはあくまで二百年も前のことだ。それが藩の命運を決めるほどの理由に果たしてなるのだろうか。

旧領の回復はまるで雲をつかむような話だ。だが米沢藩はそういう野心をずっと持ち続けてきたのではないか。結果としてこの藩は越後派兵によって人と物と金を使い果たして破綻してしまう。藩を破綻に導くような無理な派兵をした理由としては、そういう藩の大儀のようなものでもなければ、他に説明がつかないだろうと思うのだ。

この身の丈に合わない浪費はすぐに限界を迎える。米沢藩は越後の戦で破綻し、新政府軍に降伏して今度は官軍となり会津を攻める道を選ぶ。

徳川幕府に恨みこそあれ恩義などないはずの上杉家は会津を守る側にくみし同盟軍として越後に介入した。その最初のきっかけはたった五百人の官軍だった。

東北の迷い

慶応四（一八六八）年三月十八日、奥羽鎮撫総督以下五百余人が仙台藩寒風沢《さぶさわ》に上陸した。新政府は六十万石の大名の領地にたった五百人で乗り込んだのだ。総督は九条道隆、副総督は沢為《さわため》量《かず》、参謀は醍醐《だいご》忠敬《ただゆき》で、その下に下参謀として薩摩の大山格之助と長州の世良修蔵《せらしゅうぞう》の二人が就いていた。総督から参謀までは公家なので、実質的にこの総督府を動かしていたのは大山と世良だった。

大山は主に庄内方面を担当し、いち早く恭順を表明していた新庄に駐屯したので、仙台藩や米沢藩、二本松藩といった会津と隣接する東北各藩の対応は一手に世良が担うことになった。その世良修蔵は今日に至るまで無礼、非礼の極みのような人物として伝えられており、それは対応した仙台藩主伊達慶邦《だてよしくに》に対する言動や態度として記録に残されている。たった五百人で大藩に乗り込んでいるのだから精いっぱい虚勢を張って見せなければ新政府の権威も自分たちの命も危うくなるわけで、自然と態度が粗暴になったのだろう。世良は長州大島郡椋野村の庄屋の家の出だったので、武士としての教育は受けておらず、そのあたりの対応は不慣れで下手だったのかもしれない。

総督府が執拗に要求したのは会津藩、庄内藩の征討だった。そのことを仙台藩を主力とした東北各藩に命令したのだ。ここから仙台、米沢の両藩の欺瞞《ぎまん》とごまかしの対応が始まる。

三月二十七日、仙台藩はやむなく白河口へ派兵し、同じく会津征討の先鋒を命じられていた米沢藩と白河で応接した。攻めに行ったふりをして現地で収拾策を相談しようというのだ。しかもこの時期、仙台藩家老玉虫佐太夫《たまむしさだゆう》、若生文十郎《わこうぶんじゅうろう》と米沢藩若年寄木滑要人《きなめりやすと》、藩校興譲館学頭片山仁一郎《かたやまじんいちろう》が会津若松城下で会合を持ち、会津の嘆願をどう周旋して追討をどう遅らせるかを検討、画策していた。

会津藩の恭順嘆願については総督府側が最初から聞く耳を持たないという態度だったので仙台藩も米沢藩もこういう態度に出るほかなかったのだと思うが、この二面外交は結果として世良修蔵のいら立ちと怒りをさらに増幅させることになってしまった。

東北の情勢は複雑で、例えば秋田（一般には久保田）藩の佐竹氏は奥州触頭《ふれがしら》としていち早く新政府に恭順して会津征討の準備を進めていた。また戸沢氏の新庄藩も新政府恭順をいち早く表明していた。

江戸の薩摩藩邸を焼き打ちした庄内藩は朝敵にこそならなかったものの、追討令の対象になるのは時間の問題だった。別項で詳述するが、やがて秋田藩、新庄藩には庄内藩討伐の命令が下り、津軽藩にもその応援が命じられた。

そもそも東北各藩は外様大名が多く、徳川時代を通じて幕閣に参画したのは会津藩（会津松平氏）、庄内藩（酒井氏）、白河藩といったごく一部の譜代大名だけで、他に幕府から恩義を受けたといえば草創期の仙台藩くらいだろうか。あとは幕府に対し積年の恨みこそあれ会津に味方して同盟を結ぶほどの動機はないはずだった。米沢藩などは藩の成り立ちやその後の減封を考えれば、幕府寄りで動いていたこと自体が不思議でならない。だが実際のところ米沢藩はこの時期、仙台藩と共に会津擁護のための周旋に動いていたのだ。

四月二十六日、会津藩は家老の梶原平馬を使者として米沢藩に送った。米沢の木滑要人は仙台藩の但木土佐《ただきとさ》を交えて会津藩の謝罪について話し合い、この結果松平容保の城外謹慎、削封などを条件に仙台、米沢両藩が周旋することで決定し、このことは総督府へ提出された。

仙台、米沢両藩の動きはさらに加速する。閏四月十一日、仙台藩主伊達慶邦と米沢藩主上杉斉《なり》憲《のり》が会談し会津藩救済を共同で嘆願することを申し合わせた。

一説にこの時点まで上杉斉憲は新政府への恭順を考えていたといわれている。しかしこの時提出した嘆願書が総督府に握りつぶされたことに怒り、仙台藩とともに奥羽列藩同盟の成立に尽力したというのだ。君子豹変《ひょうへん》す、とはいうが、この話どこまで本当だったかは、米沢藩が最終的に官軍としてこの戦を終えているだけに、後に手が加えられた可能性もあり真偽のほどは分からない。

嘆願書は翌日奥羽鎮撫総督に提出されいったんは受理された。一時はこの嘆願書の流れになったということだが、それに待ったをかけたのが下参謀の世良修蔵だった。

世良は新庄藩にいたもう一人の下参謀大山格之助に宛てて書状を書いた。その内容は苛烈なもので「奥羽皆敵ト見テ逆撃ノ大策ニ至度候ニ付」（奥羽は皆敵である、征討する策を立てねばならない――訳筆者）というものだった。世良はこの密書を福島藩の鈴木六太郎に託した。世良は鈴木というより福島藩を信用して預けたのだと思うが、なぜか手紙は仙台藩の瀬上主膳《せがみしゅぜん》、姉歯武之進《あねはたけのしん》の手に渡り、手紙を見て驚き激昂した二人はただちに但木土佐らの承認を得て、閏四月二十日未明世良が宿泊する金沢屋を襲撃した。金沢屋は楼閣だったといわれているが実際は旅籠である。

世良は仙台藩士と福島藩士合わせて十人余りに寝込みを襲われ、その際二階から飛び降りて重傷を負った。捕縛された世良は金沢屋の柱に半日あまり縛りつけられてさらし者にされ、夕方になって阿武隈川のほとりで斬首された。

奥羽総督府の下参謀に夜討ちをかけて襲い、評定もせずに斬首したのだから、もはや後戻りはできなかったろう。これを契機に仙台、米沢、庄内の三藩は会津と行動を共にすることで合意し、これが奥羽列藩同盟へと拡大してゆく。五月に入ると長岡藩をはじめとする越後の各藩も加わり奥羽越列藩同盟に進展してゆくのは前項の「官軍、賊軍かく戦えり」で述べた通りである。

それにしても、世良修蔵の手紙はなぜ福島藩士の手から仙台藩士の手へと渡ったのだろう。思えば不思議な事件である。

福島藩は、元は米沢上杉氏の領地の一部だった。三代藩主上杉綱勝が急逝し米沢藩は御家断絶の危機に陥った。この時、上杉家断絶の危機を救ったのが会津藩初代藩主の保科正之で、三十万石が十五万石に削られることで上杉家は存続となった。福島領はその時幕府に召し上げとなり後に本多氏が入封している。米沢藩が会津に恩義を感じていたとしたら恐らくこの件だろうが、あくまで戊辰の頃から二百年も前の話で、一藩の命運をかけて会津に味方する理由としては説得力を欠く。

福島藩は当時板倉氏の領地で三万石。北に仙台藩、西に米沢藩と会津藩という大藩に囲まれ常に彼らの顔色をうかがわなければならない立場にあった。石高も環境も村松藩と似ている。福島藩が仙台藩の顔色をうかがっていたことは容易に想像がつく。それにしても世良はよりによってなぜ福島藩士に手紙を託したのだろう。上陸から約一カ月、この男は東北の何を見ていたのか。まさか彼らの欺瞞を見抜けなかったわけでもあるまい。世良は何らかの理由で福島藩を信用していた。そうでなければこんな手紙は託せないだろう。だが、手紙は福島藩士の手によって仙台藩にもたらされたのだ。

理由はいくつか考えられる。一つは福島藩が仙台藩の顔色をうかがい情報をリークした。これは通説として今に伝えられている。だが世良はその恐れがあるにもかかわらず手紙を託した。少なくともこの時、福島藩士を信用していたのだ。世良は福島藩が裏切らないと確信していたはずだが、結果として裏切られているのでその根拠は弱かったということになる。世良の情勢把握が甘かったのだろうか。

二つ目は会津藩が新政府と東北列藩を分断させるために仕組んだ策謀ではなかったか。この事件の結果、東北列藩は会津を軸に同盟を結ぶことになるので、会津が福島藩を使って画策し、世良を巧妙に言い含めて密書を書かせたという臆測である。この場合、世良は完全に会津にだまされたことになり、やはり世良の情報力が問われる。

そして最後は、新政府が世良を捨て駒にして煮え切らない東北列藩を十把ひとからげに戦の対象にしてしまおうという、挑発行為の一端だったという見方である。

どれが真相なのかもちろん分からない。世良はいわば敵中で孤立した状況だったので何が起きても不思議ではなかった。真相はもっと複雑なのかもしれない。だが世良修蔵の斬首は、東北列藩と新政府を決定的に分断させるきっかけになったことは間違いない。この事件で誰が最も利を得たのか、それが真相にたどりつく鍵なのだろう。

世良を斬った東北各藩は堰《せき》を切ったように同盟に向かって走りだした。閏四月二十一日には九条総督が、二十二日には醍醐参謀がそれぞれ移動していた場所から仙台に戻された。この数日間で総督府の属吏《ぞくり》たちが大勢殺されている。それだけ総督府の態度は東北各藩の怒りを買っていたのだろう。

醍醐参謀が仙台に移動させられた日と同じ二十二日、奥羽二十五藩の重臣たちが白石で会談し「盟約書五か条」に調印、白石の軍営は撤去され改めて福島に軍事局を新設した。この五か条は後に八か条に訂正され、正式に奥羽列藩同盟が成立する。五月三日、くしくも慈眼寺会談が決裂し小千谷、片貝で戦闘が始まった日だった。

加茂軍議

同盟に越後諸藩が加わる前から、越後では会津兵による物資略奪が横行していた。戦況も鯨波や三国峠で敗戦が続き兵も殺気立っていたのだろう。このままでは会津は越後人から嫌われ、それどころか敵と見なされてしまう。新発田藩は米沢藩に治安維持のための出兵を要請した。だがこの頃米沢藩の重役は大半が出張中で不在だった。長岡藩の参戦を前に時間の猶予はなく、米沢藩の越後出兵は重役抜きで評議され決定された、とされている。

重役が不在だからといって重役会議の裁可を受けず、中間層が独断で藩兵を動かすなど実際にはあろうはずがない。これはその時重役がいなかったというだけで、藩の方針としては既に決定済みだったのだと思う。ただ藩論はまとまっていたわけではなかった。この話は、後に新政府側に立つことになる米沢藩の立場を説明するため、後で付け替えた言い訳のようにも思える。

米沢藩の軍務参謀だった甘糟継成《あまかすつぐしげ》が残した記録によれば、閏四月の下旬に越後を南下していた米沢藩兵は十四~十六小隊だったという。この頃の一個小隊はおよそ五十人程度だったので、兵の総数は七百〜八百人ということになる。これは軍の編成が明確だった幕府歩兵隊に倣うと一個連隊の規模に相当する。同じ時期に会津の要請で会津に送った兵が二個小隊だったというから、米沢藩の越後への並々ならぬ思いが分かる。

米沢の大軍が村松に到着したのは五月二十二日。長岡城が最初に陥落した三日後であり、加茂軍議のまさに当日だった。

長岡城落城の際、村松軍は総督笹岡豹五郎、軍目付奥畑伝兵衛に率いられて草生津の守備についていた。だが城が落ちるとその日のうちに村松へ帰還してしまう。長岡城を奪われたことで同盟軍の士気は間違いなく下がっていた。

村松城中では今後の対応について協議がなされ笹岡総督や郡奉行の近藤貢などは「同盟軍の軍事的実力は新政府軍には及び難いので、この際、速やかに降伏して村松藩の存続を願うべきだ」と主張した。笹岡も近藤も正義党を支持していた改革派である。これに対し家老の堀右衛門三郎、軍目付の奥畑ら門閥派は「列藩同盟の大儀に従って戦争継続すべき」と主張した。門閥派に確固たる抗戦の決意があったわけでなく同盟軍の傘の下で藩を存続させる道を選んだにすぎない。それはこの藩の装備がとても戦えるものではなかったことからも推察できる。堀は城下に入った米沢軍に対し、万一の場合、藩主とその家族を米沢に保護してくれるよう頼んでいる。藩主一族の延命は自分たちの延命につながると本気で考えていたのだろう。自分がいずれ捕らえられ斬首されようなどとは思いもしなかったに違いない。

藩内の会議は抗戦で決まり城下は騒然としていた。そういうところへ米沢軍の先発隊が到着したのだ。甘糟参謀は城下のただならぬ雰囲気と長岡城落城のことを聞いて驚いた。早速、新津に駐留している総督の色部長門《ながと》（久長）や大隊頭の中条明資《あきすけ》らに報告するため早馬を走らせた。

会津と桑名は一日も早い抗戦態勢の立て直しを考え、桑名藩領の加茂に同盟軍の本拠を置くことを決めた。

一方、長岡藩家老河井継之助は葎谷《むぐらだに》に兵を集結させていたが、加茂で今後の方針を話し合う軍議を開くという知らせを受け、二十一日、下田郷を通って山道を抜け加茂に入った。

葎谷という地名は栃尾と下田の二カ所にある。葎《むぐら》とは葛《くず》に似たクワ科の一年草のことだ。どちらの谷も秋になると葎の花が咲き誇る窪地《くぼち》だったのだろう。下田は「もぐら」と言い栃尾は「むぐら」と言う。河井がどちらの葎谷にいたのかはあえて特定はしないが、栃尾から下田、そこから八十里越と続く街道の要所ということで考えれば、やはり栃尾の葎谷と考えるのが妥当と思われる。河井は恐らく栃尾の葎谷を出て荒沢から蝶名林を抜け加茂川に出て加茂の町に入ったのだろう。長岡の城を取り戻すにはどうすればいいか、河井の頭の中ではそのプロセスは既に出来上がっていたものと思われる。そのために加茂で何を主張し、何を決めなければならないのか、それを実現させるため、ここと定めた陣地を離れて軍議に臨んだのだ。

加茂軍議は五月二十二日、庄屋の市川正平治の広大な屋敷を本営として行われた。この日参加したのは米沢、会津、長岡、桑名、村上、村松の各指揮官で、話し合われたのは今後の方針、兵力配置、兵糧の輸送など作戦の概要とそのための役割分担だった。いわゆる総論である。河井は見附を占領し長岡城を奪還することを強硬に主張した。

会議の雰囲気はどうだったのだろう。虚を突かれ、奇襲によってなす術《すべ》なく敗れたのだから城を奪われたショックは通常の敗戦より大きかったろう。本来なら敗戦の原因を探り、責任者を適正に処罰し、徹底的に総括する必要があった。そうでなければこの先もまた同じ過ちを繰り返すかもしれないからだ。だが寄り合い所帯の同盟軍ではそれも難しかったと思う。展開によっては同盟の瓦解《がかい》につながりかねない。だが、そういう雰囲気の中で河井がかみ付いた。

村松藩は家老の森重内、田中勘解由、近藤貢、稲毛源之右衛門らが出席していた。河井は新政府軍の奇襲を受けた際、村松兵は長岡城の守備に尽力しなかったと責めたて、「どこまで同盟軍に忠誠を誓っているのか疑わしい」と村松藩の態度を厳しく非難した。この時の河井の言動はまったく傍若無人だったという。さらに会津は「この際村松城を奪い後顧の憂いを断ってはどうか」と言い出した。これを聞いた田中勘解由は席上で自刃を企て参会者に止められている。また近藤貢は黒水の本陣に戻ったあと、実際に腹を切っている。河井の口調は記録に残っているものよりずっときつく、非難というより罵倒、侮辱に近かったのだろう。この騒ぎは米沢藩の甘糟らが間に入りなんとか収まった。

河井が村松藩に対して深い疑念を抱いていたことは事実だと思う。だが城が落とされ敗戦気分が漂うなか、つながりが脆弱な集団の会議で厳しい責任追及など行えば同盟自体にひびが入る可能性もあった。そのリスクを冒してもあえて責めたてたのには別に理由があったと思われる。

河井は少しでも総括をしたかったのだと思う。同盟軍の結束を壊さず、責任のなすり付け合いにならないようにするには村松藩はうってつけだったのかもしれない。厳しくたたいても今後の作戦に大きく影響することはない。非難の応酬にもなりにくい。河井がたたき、会津がそれに乗り、最後は米沢が収める。各藩の不満がくすぶる会議の初日としては、どうしてもやっておかなければならないセレモニーだったのではないか。

近藤の切腹は戦争継続に対する抗議の意味もあり門閥派に対する非難も多分に含まれていた。必ずしもこの時の応酬だけが原因ではなかったろう。河井の思いはただ一つ、長岡城を奪い返すことだった。そのために何をするべきか、そのための非難だったのだ。

翌二十三日の軍議は米沢藩本陣で開かれた。この場で話し合われたのは具体的な編成だった。作戦は甘糟によって提案されている。

米沢藩は、実は越後に入ってもまだ主戦派と和平派の間で参戦を巡る激論が交わされていた。主戦派は甘糟と大井田修平で、和平派は色部、若林作兵衛、小林五兵衛だった。特に村松に入ってからは甘糟と色部の間で激しい議論が交わされた。越後に来てみたら既に長岡城が落ちていたのだから、参戦前の米沢藩としては迷うのも無理はなかったろう。双方は新津の陣地で激論を交わし、最後は甘糟が色部を説き伏せて越後戦線への参加を決めた。

その論功の意味もあったのだろう、具体的な編成は甘糟が提案し、ほぼその通り決定された。

軍を三分して諸藩の担当地域を決めたのだ。

まず左翼部隊は米沢、会津、村松の各藩と衝鋒隊で、大面へ進出して見附を取る。河井は特に一隊を率いて鹿峠から黒水、長沢と進み見附を目指すことになった。

中央を進む部隊は会津、桑名、村上、上ノ山の各藩で、会津の一瀬要人が率いて三条に進出し、信濃川に沿って進み与板を攻略する。

三つ目の右翼部隊は庄内、会津、山形、三根山の各藩と水戸市川勢で、寺泊から海道を進み、海からの補給路を確保しながら与板を目指す。ちなみに庄内藩の出兵の経緯については別項「庄内藩の戦い」で詳述するつもりなのでここでは触れないでおく。

このころ米沢藩の新津陣屋では和平派の間で再び議論が起きていた。中老の若林が総督の色部に対しなおも撤退を勧めていたのだ。色部は「加茂に進軍した諸藩の軍を捨てて退くなど諸藩の嘲笑をかい武名を穢《けが》す」と言って反対した。若林は納得せず「子供じみた粗暴な行為にこだわり、国家の大計を誤る者たちにはついていけない」とののしって、勘定頭の小林らと共に下関《しもぜき》（岩船郡関川村）に向けて馬を走らせた。下関には藩の鉄砲、弾薬がためてあり、若林はこれらを米沢に返送するよう命じている。加茂ではこの知らせを受けて動揺が走ったが作戦は続行することになった。

簡単に見ただけでも同盟軍がいかに一枚岩でなかったかが分かる。それでも何とか見附攻略まで軍議を持っていけたのは河井の力が大きかったからだろう。会津と米沢だけではとてもここまでまとまらなかったと思う。これはおよそふた月後、河井が負傷してその弱さが露呈し、同盟の瓦解は現実のものとなる。

米沢藩の装備

ここで少し米沢藩の装備について触れておきたい。

米沢兵の装備レベルは全体的に高かった。前装式の施条銃であるエンフィールド銃（別名鳥羽ミニエー）を標準装備し、他にもシャープス騎銃やスペンサー機銃を持つ者も少なくなかった。同時期の会津藩の装備を思えば同盟軍の中では庄内藩、衝鋒隊に次ぐ高い火力を持っていたと言える。

また米沢兵の軍服は黒木綿に陣股引《ももひき》という軽快なもので、恐らくこの時期の同盟軍の中では最も武士らしくない武士の装束だったろう。米沢兵は他藩の者から「米沢の烏」と呼ばれた。

米沢藩が越後への介入に並々ならぬ関心を示したのは海への憧れもある。海のない米沢藩では情報も物資も遅れがちだった。越後時代の上杉家を学べば海と湊がいかに重要だったか、この藩の重役は長い年月、頭の中で学び憧れ続けてきたに違いない。だからこそ他藩に比べて軍の装備について敏感だったのだ。

五月二十八日、米沢藩本総督千坂太郎左衛門（高雅）は会津若松でプロシアの武器商人エドワード・スネルと会っている。このころスネルは平松武兵衛と名乗って新潟に居住し同盟諸藩の信用を得ていた。

スネルは千坂に対し軍艦を購入して高田を奇襲する策や貨幣の鋳造などを提案した。千坂は興味を示し新潟まで同行して米国製の蒸気船やエンフィールド銃二千丁、シャープス騎銃千丁の購入契約を結んだ。契約額は一万ドルを超えたといわれているが、実際にすべての品物が渡ったかどうかは定かでない。

同盟軍の兵士といえばみな武士とその子弟たちだった。武士は刀を操る技術で特権を得ている。農民、町人でも扱える鉄砲を一般化することは、武士という職業を守る観点からも総じて消極的だった。特に会津は洋式兵学を受け入れることに抵抗が強く装備の近代化は著しく遅れた。よくてゲベール銃、大方が火縄銃と刀と槍と弓で戦っていたと言っても過言ではない。千坂は本総督とはいえ現場の判断で一万ドルを使った。与えられた裁量権の大きさを考えると米沢藩がいかに装備に敏感だったかがよく分かる。だが一方でそのことが藩の財政を逼迫させ破綻させることになってしまった。

反攻のはじまり

庄内藩家老石原倉右衛門が率いる庄内軍は五月十一日に鶴岡をたち、二十一日に三根山藩に入っている。また六月十日には新潟で米沢の色部、会津の梶原、庄内の石原が顔を合わせ、仙台、会津、米沢、庄内の四藩で新潟を共同管理することに決め会議所を置いた。

五月の下旬から見附の付近で小競り合いが続いていたが、加茂軍議で取り決められた作戦に従い、今町の新政府軍仮本営を攻略するため河井が動きだした。

五月二十八日、栃尾に駐屯していた長岡兵をひそかに加茂に集結させ、三十日に加茂を出発して三条に一泊、翌六月一日に河井、山本帯刀が指揮する長岡軍、佐川官兵衛が率いる会津軍が三隊に別れ今町に襲いかかった。刈谷田川右岸から攻めた河井の本隊は苦戦となったが夕方には堡塁を奪っている。

会津軍は右岸を通り中之島の高田藩兵を激戦の末敗走させた。高田軍はすぐに長州兵の応援を得て反撃に出たが背後を突かれ、最後は見附から長岡へと敗走した。この時同盟軍は例によって潜んでいる兵をあぶり出すため町に火を放ち、その後今町を占領している。

与板方面は桑名三隊と市川勢が押さえていて、与板に駐屯する新政府軍は動きが取れない状況に陥った。河井が目指す長岡城奪還は作戦として射程内に入ることになった。

今町戦争の結果、新政府軍は部隊を見附に集結させたが、今町と中之島を取られたため孤立しかねない形勢となり、見附を捨て戦線を川辺・浦瀬・半蔵金を結ぶ線まで後退させた。一方同盟軍は米沢、会津、村上などの諸藩兵が見附に駐屯し、長岡軍の主力は栃尾に戻った。戦線は長く伸び、戦局は再び一進一退の膠着状態に陥った。

米沢藩のいら立ち

甘糟継成の日記はこの六月一日の話として会津兵の略奪について強く非難している。「佐川官兵衛の朱雀隊を除く他の会津兵は後方にいて略奪ばかりしている。そのため武器、兵糧の輸送に農民を使おうと思っても逃げ去った後で人足の確保すらままならない」(甘糟備後継成遺文より作者が略訳)とぼやいているのだ。さらに会津は「これを衝鋒隊や市川勢のせいにしているが、彼らが会津の指示のもとに行っているのは明らかだ」(同)とも述べている。甘糟は「このまま会津と行動を共にすると民衆の信頼を失いかねないので会津とは別行動をとるべきだ」(同)と考えていたようだ。

また庄内藩を指揮する石原倉右衛門から「会津を助けるために出兵したのに、前線には庄内兵を出し、自分たちは後方で略奪に狂奔していると不満を述べられた」(同)とも書いている。戦線が次第に膠着するなか同盟軍内部で苛立ちと不満が募っていたことが分かる。河井が戦況を好転させようと懸命に動くなか、肝心の会津が他藩と軋轢《あつれき》を生じさせていたことに驚かされる。

会津兵もしょせんは他国と思うからこそ略奪をはたらくのだろう。他国で戦うというのはそういうことなのだと思う。いい迷惑なのはそれこそ住人たちで、徴発は受けるわ、略奪はされるわ、最後は火をかけられ場合によっては殺される。戦いが長引けば長引くほどそこに住む民衆を敵に回した方が不利になることくらい分かっているはずなのに、集団がいら立ち始めると歯止めがきかなくなるのだろう。長岡藩の参戦で一度は戻った同盟軍への信頼も、結局は会津兵の略奪で再び失われてしまった。民衆の機微を最後まで理解できなかったからこそ同盟軍は敗れたのだと思う。

会津兵のことばかり書いたが、いら立ちを募らせたのはなにも会津だけではない。同盟軍内で亀裂が進むなか米沢兵もまたいら立ちを募らせていった。

五月下旬、藩主上杉斉憲自らが千人を率いて越後へ出陣し下関に本営を置いた。それでも戦局は好転せず、越後では膠着状態に陥ってしまった。その苛立ちの矛先がやがて一向に兵を出そうとしない新発田藩に向けられた。

この頃新発田藩は米沢藩のいわば監視下にあった。京に家老を駐在させ、新政府軍に兵も供出していたからだ。新政府に派遣された新発田兵は東海道軍としてこの頃は江戸に駐屯している。新政府軍には兵を出しているのに同盟軍には一人の兵も出さず、長岡落城の時も傍観したままだった。米沢藩から見れば「同盟軍の一員として役目を果たしていない」と考えるのは当然だったろう。だが本音を言えば新発田は最初から新政府側で、それは米沢も十分に承知していたのだと思う。だがつぶしてしまうと後でゲリラ戦などやられてやっかいなので、今は脅して従わせろという態度だったのだ。

しかし見附攻略の後、作戦がなかなか進まず、再び戦線が膠着すると米沢藩のいら立ちは寛容さを失う。

六月九日、米沢藩を中心とする同盟軍諸藩の隊長が集まり新発田藩家老溝口内匠《みぞぐちたくみ》に出席を求めて会議を開いた。溝口は同盟諸藩から出兵不履行を散々に詰問された揚げ句に、

一、静山（新発田藩前藩主）が下関本陣の米沢藩主を訪問すること。
二、速やかに出兵して長岡方面で交戦中の同盟軍を支援すること。

のどちらか一つを受け入れ、翌朝午前二時までに返答しろ、という最後通告まで受けた。さらに時刻を過ぎても回答がない場合は直ちに新発田城攻撃を開始すると脅された。そして実際に五十公野に集結した米沢藩兵を先鋒にして仙台、会津、上ノ山、庄内、村上などの藩兵が新発田城の四方をぐるりと取り囲んだのだ。これにより新発田藩はついに兵を出すことを約束し、十一日、筆頭家老の実父である溝口半左衛門を総隊長に二百の兵を長岡に向けて出兵させた。彼らは味方からの厳しい監視のもと実際に中之口方面で新政府軍と交戦し戦果も上げている。

しかしこの時、米沢藩副総督の千坂太郎左衛門は「新発田の出兵など信用できるか。反省などしておらぬし、そもそも同盟軍の士気の低下はみなこの藩の態度が原因なのだ。よくよく気をつけよ」（訳略作者）と強く非難している。

米沢藩は旧領回復という野心を抱き、身の丈以上の軍備を備えて越後の地にやって来た。しかし、到着した時には肝心の長岡城は既になく、その後も思うように戦況は好転せず、やがて会津の略奪が原因で民衆も敵に回してしまった。一方監視下にある新発田藩は一向に同盟軍としての役割を果たそうとせず、のらりくらりと要求をかわしてくる。

こうしてこの藩は越後の地で神経をすり減らし、人も金もすり減らした。八月に新発田藩が新政府軍として新潟を占領した時、補給と逃げ道を断たれた米沢藩兵は、その後の戦争継続が不可能になるほど多くの犠牲を出し、もっと言えば藩として破綻してしまった。越後はこの藩にとって旧領回復どころか、何もかもを奪ってしまった黒い罠《わな》だったのである。

追話　八丁沖の戦い

桑名兵の奮迅

今町を奪還する直前の五月二十七日、与板方面の攻略を任された会津鎮将隊二百、上ノ山、村上藩兵二百四十に桑名三隊の二百を合わせた六百人余りの兵が与板を目指して信濃川西岸を南下していた。

新政府軍は与板の北側にあたる金ケ崎と間道の雷塚、そして島崎の三地点を守って部隊を布陣させ信濃川水運の拠点与板を守っていた。これに対し同盟軍は正面を会津が突き、桑名三隊が島崎から塩入峠を抜け、町の側面を急襲するという作戦だった。攻防は島崎と塩入峠の確保が重要になると考えられた。

それにしても同盟軍の兵士たちはよく山道を抜ける。武士というのは平時にあっても厳しく訓練された階層だったのだと改めて認識させられる。

河井が部隊の根拠地としたのは加茂ではなく葎谷《むぐらだに》という栃尾の山間地だった。今も地元の人でさえ「あそこは田舎」と思わず口にする山あいの小集落である。河井はこの地を長岡と五十嵐川水運、八十里越を結ぶ重要拠点と見定めて、やぶ蚊に悩まされながらも駐屯し続けた。重要だからそこに居る、それだけが山に潜み山を越える理由だったと思う。これが河井流の武士道なのだろう。

与板攻略の時の桑名兵もそうだった。二百人余りの桑名隊には最新式の銃もなければ強力な火器もない。彼らの最大の武器は少数精鋭の抜刀斬り込みだった。だから起伏の激しい山間地を選び木陰や窪地に身を潜め、やにわに物影から飛び出して斬りかかる。銃弾は真っすぐにしか飛ばないので障害物が多い山中では標的に当たりにくい。山間地の奇襲はあらゆる面で斬り込みには有利だったと思う。

雷塚を守る新政府軍を追い落とそうと桑名隊は抜刀による奇襲攻撃をかけた。正面の銃撃戦に気を取られている隙に背後から斜面をはい上がり斬り込みをかけるというものだ。この奇襲は成功し新政府軍は雷塚を捨てて与板方面へ撤退した。桑名隊はいよいよ塩入峠の攻略に乗り出す。

五月二十八日、右へ行けば島崎という北野の辻を荒巻に向けて南下する。この道は現在の与板北野線である。塩入峠には飯山、戸山、与板の各藩の小隊と、新たに長州、薩摩の兵が八十人ほど加わって峠の入り口を固めていた。そこで桑名隊は町の東側に広がる山地から東進して直接与板の町を急襲しようと作戦を変え山あいに分け入った。ところがこの日、新政府軍の物見が彼らの動きを捉えていた。

与板兵に案内された戸山、松山、長州、松代、尾張の各藩兵約二百五十人が台地状の高地に陣取り、さらに四ポンド山砲二門を据えて敵が現れるのを待ち伏せていた。しかもこの部隊はスナイドル、スペンサーといった元込めの連発銃を多く装備していた。そこへ桑名隊がやって来たのだ。四ポンド砲が火を噴き、元込め銃が狙い撃ちにした。多くの戦死者を出し、さしもの精鋭部隊も四分五裂になって逃げるしかなかった。立見は「あれは鳥羽伏見の二の舞いだった」と深く悔やんだという。

三十日、桑名隊は再び与板を目指して動きだした。島崎には新政府軍五百人が守りを固めていて容易には近づけない。その五百の兵が島崎を出て桑名隊のいる北野に向けて動きだした。二日前の戦で高地を取られ多数の犠牲を出した桑名隊は、北野の背後にある山地に入り敵兵の動きを監視したうえで、まずミニエー銃の一斉射撃で攻撃し、身構える敵兵に間髪を入れず斬り込みを行った。桑名隊の斬り込みには無駄な動きがない、といわれる。敵の動きに合わせてあるときは腕の筋を斬り、あるときは胴を抜く。離れて戦う近代兵器に対し徹底的に接近戦にこだわった武士の戦い方だ。

この斬り込みに新政府軍は島崎へ押し戻された。わずか五十人やそこらの斬り込み隊に五百の兵が押し戻されたと語り継がれている。

この戦の後、与板方面は膠着状態に陥る。与板は無理に占領する必要はないが、ここから中之島、見附方面へ進出されては困る、という意味の拠点だったのだろう。今は与板橋で簡単に中之島へ行けるが、この頃は舟で渡らなければならなかった。

信濃川を挟んでにらみ合う、同盟軍の戦略目標が長岡城奪還である以上、東岸の見附、今町が重要なのであって西岸の与板は圧迫を加えて敵兵を動けなくすればいい場所だった。桑名隊や市川勢はそれを十分に理解してゲリラ戦を展開したのだと思う。市川勢は与板の山間部と信濃川に胸壁を築き六月から七月にかけて度々城下を襲っている。

このあたりには探せば数多くの墓があるのだろう。例えば椎谷から旧西山町に入った灰爪という集落には、この地で亡くなった市川勢の埋葬塚が残っている。またこの埋葬塚の近くにある畑から昭和五十年代に四体の白骨が発見された。このうち三体は頭部などに斬傷があると鑑定され、市川勢の骨と確認された。茨城県の有志がこの地に供養塔を建てている。恐らく与板の山中にも未だ知られていない名もない維新の墓標があるのだろう。手を合わせるだけでいい、見知らぬ土地で亡くなった者たちへのせめてもの供養を願うばかりである。

新政府軍の焦り

今町を奪還した時、同盟軍の中にはこのまま一気に長岡城を攻めようという意見もあった。だが河井継之助はこういう意見を抑え、しばらくは態勢固めに努めるべきだと主張して自らは栃尾に戻った。

この後河井は盛んにゲリラ戦を仕掛けている。その作戦は大胆かつ巧妙で、時に奇襲を用い、時に戦線を後退させて新政府軍の焦りを誘った。要は敵国に足を踏み入れているという最大の弱点を利用して持久戦を展開したのだ。山県狂介はこの局面での心情を後に自筆の記録「越の山風」の中で「援兵ノ来ルヲ待ツ、真ニ一日三秋ノ感アルヲ免カレザリシナリ」と書いている。物量作戦に頼らざるを得ない指揮官の苦悩が伝わってくる。

持久戦は新政府軍にとって明らかに不利だった。前線にいない木戸孝允でさえ「北越のことは実に重要で、とにかく急務は大勝ちすること、これに尽きる」（木戸孝允文書・略訳筆者）と憂慮している。この停滞が蟻《あり》の一穴になることを真剣に心配し始めていたことがこの一文からもよく分かる。

同盟軍を一歩出し抜き、奇襲をかけて長岡城を奪ったまではよかったが、前線が延び過ぎ、しかも地の利に明るい地元の藩は皆敵で、新政府軍はゲリラ戦に悩まされ戦意も日に日に落ちていたというのが五月、六月の現状だった。

例えば高田軍は六月十二日に三島郡山田で勝利しながら、十四日に川辺、十二潟、筒場の戦いで指揮役の前田門之丞が逃亡し、高田軍は総崩れとなり、そのため薩摩軍が側面を突かれて多数の負傷者を出した。勝ったり負けたりの一進一退が、一般の兵たちはもとより指揮官たちの士気も奪っていたことがよく分かる。ちなみに逃亡した前田門之丞は新政府軍から謹慎を命じられた。

前線で指揮を執る山県や黒田を憔悴《しょうすい》させ、前線から最も遠い場所にいた木戸でさえ憂慮させたこの膠着状態をつくり出した軍略家こそ河井継之助だった。

今町を仮本営にしていた新政府軍を長岡城まで押し戻し、戦況は芳しくないという心境に追い込んだ。援軍が充実して敵が自信を取り戻し、再び態勢を立て直す前にもうひと蹴り入れて戦意をくじく、河井の狙いはそこにあったと思う。そのひと蹴りこそが長岡城急襲作戦と山県狂介襲撃計画だった。

これに対し新政府軍も態勢の立て直しを急いだ。仁和寺宮嘉彰《にんなじのみやよしあきら》親王を会津征討越後国総督とし、西園寺公望と壬生基修《みぶもとなが》を参謀に任じて長州、越前、肥前、芸州などの各藩から大軍を動員して柏崎へ送り込んだ。仁和寺宮は征討軍のトップという立場だった。現代でいう頭取とか社長といった立場の人間が東海道や東山道ではなく北陸道の象徴としてやって来たのだ。この時の新政府軍の越後戦線への力の入れようが分かる。

　宮も巻き込んだこの大増員により越後口の兵力は三万にまで膨れ上がった。このため関原の諸藩会議所は手狭になり、七月十一日、その機能を長岡城へ移している。これに対し迎え撃つ同盟軍の人数はおよそ八千。三万対八千の戦いが始まろうとしていた。

八丁沖を渡る

　この年はとにかく長雨だった。五月の開戦以来晴れ間が長く続くということがない。主に火力が頼りの新政府軍にとって火薬が湿るという事態は、火器が扱いにくいという直接的な障害に加えて、それによる士気の低下という深刻な状況をもたらしていた。要は勝てる気がしないのだ。すぐに片付くと思ってやって来ただけに、先の見えない膠着状態と連日の長雨による蒸し暑さが、兵のみならず指揮官の体力、気力をも奪っていた。

　砲撃戦も間が空くようになっていた七月十七日、河井は栃尾の伊勢屋徳兵衛方に立見鑑三郎、佐川官兵衛、千坂太郎左衛門、庄内藩の中村七郎右衛門らを招き、長岡城の急襲計画を打ち明けた。

新政府軍から取り戻した見附から長岡城まではおよそ三里（十二キロ）の道のりだが、見附の南から長岡城東北部にかけては四方一里余りの深い泥沼地が広がっていた。「八丁沖」という。河井はこの徒渉不可能といわれた八丁沖を七百の長岡兵のみで夜間潜行し、城の裏手から突入して一気に城を奪おうという作戦を立てた。

後年、河井の従者松蔵がこの時の計画を口述しているが、河井は山県の寝込みを襲って首を獲るつもりだったらしい。八丁沖作戦は長岡城奪還が第一の目的とは思うが、そこにもう一つ、敵の諸藩会議所を急襲し、司令官の首を取って敵の戦意にとどめを刺すという狙いが隠れていたのだと思う。

八丁沖は一面葦《あし》が生い茂り、近隣の住人たちから魔物がすんでいると信じられていた沼だった。そこを闇夜に紛れて渡っていこうというのだ、これを聞いた諸将はみなあぜんとして口を開けたに違いない。まさに乾坤一擲《けんこんいってき》の奇襲作戦だったのだ。

河井の並々ならぬ覚悟を前に反対する者はおらず、作戦はその日のうちに承認された。決行は二十日と決まったが、後に大雨のため延期になった。実際は五日後の二十五日未明に決行されることになる。

八丁沖から急襲を受けた時、山県は長岡城にいて、騒ぎを知るや否や慌てふためいて小千谷陣屋へ逃走した。「八丁沖を渡ってくるとは正気の沙汰ではない」と言ってこの奇襲をずいぶん驚いたと伝えられている。河井は首を討ちもらしたわけだが、それにしても山県は本当に八丁沖からの奇襲をまったく予測していなかったのだろうか。

そもそも山県狂介は長州奇兵隊の軍監として頭角を現した人物である。奇兵隊の最大の特徴は鉄砲による強襲や夜討ち朝駆けで機先を制し手段を選ばず徹底的に勝ちにこだわることだった。長州征伐の際幕府軍は「長州人は紙くず拾いのような格好でやって来た」と奇兵隊の軽装ぶりを表現している。幕末の武士は様式美を尊重し正々堂々と戦うことが正義とされていた。奇兵隊はそういった装飾を一切排除し機能性のみを追求した軍隊だった。山県が長岡城に入った時、城の裏手から東山にかけて広がる泥沼池を見て「奇兵隊ならここから攻めるだろう」と思ったはずである。だが同時に、侍だけで戦っている同盟軍にそんなことはできまいと高をくくったのだろう。事実、この徒渉作戦の間、他の同盟軍諸藩は見附で待機し城に火の手が上がるのを待っていた。山県の考えは間違っていなかったがそのため油断したのだ。だからこそ、この奇襲が常識的なものではなく自分の首を狙ったものだと直感し命からがら逃げ出したのだろう。河井という男の恐ろしさを心底から思い知ったに違いない。

国道八号長岡バイパスの亀貝インターを浦瀬方面へ降りてしばらく走ると富島町という町に入る。このあたりはかつて八丁沖南西部の岸際だった土地で、河井率いる長岡藩奇襲部隊が上陸した地点といわれている。

町の入り口近くには日光神社という社がある。境内には戦死した長岡藩士を祭る顕彰碑が何柱か立っており、中でも「長岡藩名臣の碑」としても最も称えられているのが鬼頭熊次郎である。この鬼頭熊次郎こそ八丁沖作戦の最大の功労者とされている人物である。

鬼頭熊次郎は三十二石の家の次男だった。当主の兄少山は藩校の教授だったが薄給のため家は貧しかった。熊次郎は子供のころから武芸を好み特に剣法に優れていたらしいが、脚が内側に大きく湾曲していて、そういうせいもあってか熊次郎に養子の話はなかった。薄給の家で部屋住みの身は肩身が狭かったのだろう、日がら一日、山で薪《まき》を取り八丁沖で魚を取って家計を助けていたという。沼のほとりに苫《とま》で葺《ふ》いた小屋を建て一年のおよそ三分の一はそこに寝泊りして魚を取っていたという。この様子は「鬼頭熊次郎魚ろうの図」として今も残っている。恐らく八丁沖を誰よりも知っていた人物だったに違いない。

魔物がすむといわれた八丁沖を渡るについて河井は泥沼の底、つまり道案内が

日光神社（長岡市富島町）にある鬼頭熊次郎の碑

どうしても必要だと考えた。そこで目をつけたのがこの沼で毎日魚を取っていた熊次郎だった。河井からの依頼を受けた熊次郎は魚を取ると見せて目立たぬよう浅瀬の位置を探り、必要なら沼底に板橋を敷いて道を造り分かりやすく地図にした。この鬼頭の地図なしに作戦の実行は困難だったろう。

そしていよいよ七月二十四日を迎える。現在の暦で九月十一日にあたる。長岡藩兵は十二小隊約七百人。河井は決行を前に奇襲作戦の意義を説き一人に二朱ずつの酒肴《しゅこう》料を配って激励した。

午後七時ごろ、まずは前哨部隊が出発。この頃の午後七時はまだ薄暮だったと思う。想像してほしい。腕に五間梯子《ばしご》の腕章を着けた隊士たちが隊旗をはためかせ悠々として次々に出撃していくのだ。その顔には自分の城を取り戻すのだという気概と、そのために死にに行くのだという覚悟が満ち満ちていたに違いない。またそれくらい高揚していなければ八丁沖は渡れまい。

この作戦は北越戊辰戦争の中で長岡藩が最も輝きを放った戦いだったと思う。それは結果による評価などではなく、戦いに行く藩士の心が一つにまとまっていたという点でそう思うのだ。

新政府軍も同盟軍もしょせんは寄せ集めの部隊だった。とかくまとまりを欠き、特に会津の行動は越後に戦いに来たのか略奪に来たのか首をかしげたくなる印象を受ける。今も残虐極まりないエピソードが各地に語り継がれているが、それこそがこの戦争の本質で、復讐の応酬とはそういう戦になるのだろうと深くため息をつきたくなる。

だが越後の藩に新政府への恨みなど本来はない。前線を戦った高田や長岡の兵たちは、会津や桑名や水戸の兵たちより、もう少し客観的にこの戦いを見ていたのではなかろうか。兵士の気持ちが一つにまとまった作戦など他の戦いでは見られないからだ。

新政府軍は「官軍」という響きと最新式の銃砲器を装備することで何とかまとまっていた。それに対し同盟軍の多くは薩長への恨みでつながっていた。だが河井はそれとは一線を画し、小さな勝利を積み重ねることで敵を翻弄し、隙をつくり、精神的に追いつめた。この実績が現場の兵士たちに士気を与えたのだと思う。会津がひとり雄藩のプライドを前面に披瀝《ひれき》するなかで、他の同盟軍は河井がまとめていたのだろうと、この作戦の前と後を見るとそう思うのである。

奇襲部隊が沼の最北端にさしかかったのは午後十時ごろ。そこから鬼頭熊次郎の描いた地図に従ってほぼ北から南に大沼を横切り、翌未明午前三時ごろに富島村に上陸した。奇襲部隊はすぐ南側にあたる宮下村の敵前線基地を奇襲し占領すると、直ちに部隊を四つに分け城へ向けて猛進撃を開始した。

この宮下村の戦闘で、案内役を務めた鬼頭熊次郎は行方不明になった。翌日、顔に銃弾を受け、しかも半ば腐敗して識別のつかない遺体が発見された。遺体は脚が内側に大きく湾曲しており、後に兄嫁が義弟の熊次郎に間違いないと証言した。武士の最期としては本懐を遂げたといえるかもしれない。

このころの武士はつまるところ、こういう死に方をするために生きていたと言っても過言ではない。河井もそうありたかったろうし、立見や色部もきっとそうだったに違いない。鬼頭熊次郎は軽輩の意地を河井の軍略を通じて表して見せたのだと思う。

長岡城奪還

宮島村の敵前線基地を占領した長岡兵は「今占領したよ」という合図を、火を放つことで見附に知らせた。

同盟軍の侍たちは、侍であるがゆえに夜討ち朝駆けはしない。戦いは白昼堂々と互いの顔と顔をにらみながら一対一の斬り合いをする。もっと言えば、集団戦は卑怯《ひきょう》者のすることとどこかで思っている。まして夜陰に紛れ闇夜の沼を渡り敵の後ろから奇襲をかけるなど、ひとかどの侍がすることではないと腹の底から思っている。だからこの時も同盟軍の侍たちはみな見附で待機していた。長岡藩の軽輩たちがうまくやったら出ていって城の奪還に手を貸してやろうと支度をしていたのだ。

遠く蔵王の手前で火の手があるのを見て、見附の同盟軍は色めきたったことだろう。死にに行った軽輩たちの後を追い一気に城を取り戻す。同盟軍全体がまがりなりにも一つになった瞬間だったかもしれない。

一方、日頃やっていることをやられた新政府軍は慌てに慌てた。同盟軍は少なくとも侍だけで戦っていた、はずだ。町民も農民もおびえているだけで戦いには参加していない、はずだ。だが夜討ち朝駆けができるのは侍の常識を持ち合わせない農民や町民の兵だけだ。あるいはいつの間にか農民兵を組織していたのかもしれない。もしそうなら援軍が来たどころの話ではない。小千谷街道、柏崎街道みな銃をかまえた農民兵で退路を断たれる。この時の新政府軍首脳たちの恐怖はこういう思考と混乱だったと思われる。

河井という人物がどこまで新政府軍首脳と同盟軍首脳を理解していたかは想像の域を出ない。だが少なくとも双方が抱く恐怖、負い目、そして自負、そのすべてを測っていたように思える。この作戦の成功が与えた衝撃は新政府軍には農民兵の存在を印象付け、同盟軍には侍のやり方だけでは勝てない、という決定的な事実を突きつけた。

長州の軍学者大村益次郎は薩長同盟に反対する長州藩士たちにアームストロング砲の破壊力を見せつけ、この砲が薩摩を通してしか入手できないことを説いて殺気立つ反対者を黙らせたという。

陽明学とは実学である。思想の前に確固たる現実を見せることで、空論を木っ端みじんに打ち砕くことができる。この作戦で河井は内にその現実を突きつけ、外にはありもしない農民兵の存在を印象付けた。この人物の非凡さはまさにこの両面効果の大きさにある。

河井はまず長岡城奪還という目的を立てた。そしてそれを実現するための準備を周到に行った。例えば、加茂に本営があるにもかかわらず、自らは栃尾にこもって五十嵐川の水運を確保しつつ長岡城下を一望できる山あいの地を戦略的に確保し続けた。結果論からいってこの栃尾の確保が奪還作戦を実現させ、八十里越という会津への道も確保していた。河井が栃尾を離れ加茂に常駐していたなら、八十里越は危険な道だったかもしれない。

　また、五月、六月に無理をしてでも見附と今町を奪還し確保し続けた。これは河井の頭に早い段階で八丁沖から攻めるという策があったからだろう。見附、今町が敵の手にあれば、仮に八丁沖を潜行しても援軍の進攻が遅れる。加茂から長岡に攻め込むには時がかかり過ぎるからだ。河井にとって見附、今町の確保は長岡城奪還作戦の大前提だったのだと思う。

　そして詰めは鬼頭熊次郎だった。八丁沖を渡るには道案内がどうしても必要だった。そのために渡っていける道を探らせ、それを地図にさせた。これらの準備があったからこそ長岡城は奪還できたのだと思う。

　河井のこの周到さは、彼が藩内でのし上がってゆく過程でもしばしば見られたことだ。私が慈眼寺会談における河井の準備のなさに疑いを抱くのは、この長岡城奪還作戦の際の周到な準備と戦略からあまりに懸け離れていると感じるからだ。慈眼寺会談自体、実は用意周到に仕組まれた河井の罠だったのではないかと思う理由がそこにある。

　見附、今町から攻めあがった同盟軍は一気に城下になだれ込んだ。河井は新町口で奮戦していたが左膝に銃撃を受け、この銃傷が壊疽《えそ》を引き起こし、体中に鉛毒が回って命を落とすことになる。

　油断していた新政府軍はしんがり部隊が防戦を続けていたが昼すぎには支えきれなくなり最後

の部隊も信濃川を越え敗走した。西園寺は関原へ、山県は小千谷へといった具合で、ばらばらに逃げたことがうかがえる。長岡城は長岡藩兵の奮戦によって奪還された。城中には武器、弾薬、衣類といった新政府軍の残した荷物が山と積まれていたという。よほど慌てていたのだろう、

その一方で城下は焼け野原、兵はもとより町民の犠牲も多く、河井自身も重傷を負っている。河井はこのあと会津への総退却のさなかに只見の塩沢村で外山寅太（修造）、松蔵ら数人の者に看取《みと》られ亡くなった。享年四十二。遺骨は当地で火葬され骨は松蔵が隠して仮の骨が会津福建寺に納められた。明治二（一八六九）年になって長岡の栄涼寺に戻されている。

戦局の転換

この八丁沖渡渉作戦が行われた七月二十五日には、もう一つ戦局を転換させる重要な作戦が新政府軍の手によって敢行されていた。薩摩の黒田了介、長州の山田市之丞（顕義）率いる海上機動部隊が新発田領太夫浜に上陸したのだ。

この日、佐渡の小木港を出航した船は

河井継之助の墓（長岡市栄涼寺）墓碑銘が削り取られている

軍艦攝津、丁卯の二隻と汽船が四隻、他に漁船三十隻の艦隊だった。乗船した兵は千から二千人と記録に多少の幅がある。いずれにしても上陸部隊としては大人数だったと思う。だが長岡城を奪還した同盟軍の規模からすれば、会津への帰路を心配するほどの人数かといえばそうでもなかろう。しかし、現実には同盟軍諸将はこの知らせに浮き足立った。その理由は大きく分けて二つある。

一つは河井継之助の負傷だった。河井の負傷が思いのほか重傷だと伝わり、長岡藩内ではそれまで抑えられていた恭順派が息を吹き返した。動揺する長岡を見て他の同盟軍諸藩はこの藩がもはや頼りにならないかもしれないと懸念し、帰還を考え始めたのだ。

河井はこの時点ではまだ負傷しただけだったが、それが重傷と伝わっただけで藩内はもとより同盟軍全体が動揺している。河井がいかに扇の要になっていたか、このざわつきようを見てもよく分かる。

いま一つは、この海上機動部隊が上陸した場所が同盟軍に大きな衝撃を与えた。太夫浜と松ケ崎、この二つの浜は当時新発田領だったのだ。つまり新発田は新政府軍に内応したのではないか。そうだとすれば敵兵は上陸部隊の千や二千どころではない。新発田藩兵すべてが、そっくり敵に回ったことになる。

今まで散々小突いてきた外様の小藩が突然牙を剥《む》いたのだ。米沢藩などは六月に城を囲んだ経緯があっただけに復讐される恐怖は他藩より強かったと思う。

長岡城を奪還し意気盛んな同盟軍のもとに新発田藩の同盟軍離脱と新政府軍の沼垂方面進攻の報告が届いたのは二十七日の午後だった。最初の一報がもたらされたのがちょうど軍議の最中で、明日にでも関原、小千谷へ追い打ちをかけようと話し合っていた時だったという。戦局が急激に転換するなか、河井が負傷し抑えがなくなったところへ、新発田藩という新手の敵が現れた。同盟軍の慌てようは尋常でなく、この後「意外の奇勝」と新政府軍に笑われるほど負けに負け続けたのである。

小千谷と関原に逃げた新政府軍が実際に大反撃を開始したのは二十九日の早朝だった。山県は焦っていた。長岡城の回復は急務で、時期を逸すれば、黒田ら海上部隊との挟撃も困難になるばかりか、兵の士気が落ちて寄せ集めの新政府軍に亀裂が生じかねない。これだけの危機感を持ちながら、それでも山県は反撃の準備に四日を要したのである。

大反撃は妙見、山寺、信濃川左岸からの三面合撃だった。妙見から薩長八小隊（四百人程度）が、山寺からも同じく薩長軍が、信濃川左岸を加賀・上田ら信州連合がそれぞれ進んで火を放ちながら長岡に迫った。

この時、米沢藩の甘粕参謀（継成）は「ここで食い止めなければ。これまで辛苦して取り返した長岡城も再び敵のものとなり、四方たちまち瓦解してしまう。左右に散開し死力を尽くして防戦せよ」と諸隊を叱咤《しった》したという（今泉省三『長岡の歴史』より）。

だが、河井が負傷で戦線を離脱し、新発田藩が新政府軍に恭順したことで下越を押さえられた同盟軍は著しく戦意を喪失していた。せめて退路が確保されているうちにと抗戦より撤退を選んだのだ。長岡城は火に包まれ、見附、今町、加茂までもがその日のうちに新政府軍の手に落ちた。この七月二十九日の「意外の奇勝」で北越戊辰戦争は一定の決着を見たのである。

河井の負傷が同盟軍の攻勢を遅らせ、新発田藩の恭順が会津への撤退を促した。このどちらかが時間を違えていたなら、小千谷、関原の残存部隊は柏崎あるいは高田まで押し戻され太夫浜の海上部隊は孤立した可能性もあった。歴史にｉｆはないが、それだけこの七月二十五から二十九日にかけての出来事が戦局の転換期だったことがうかがえる。

第七章　新発田藩が背負ったもの

新政府軍の上陸

慶応四（一八六八）年七月二十五日早朝、薩摩の黒田了介、長州の山田市之丞らに率いられた海上部隊が太夫浜の沖に姿を現した。この時の様子を、当時十六歳だった太夫浜の住人が晩年になって述懐している。この口述筆記された談話を少し紹介してみたい。

「いつもの通り薄暗いうちに太夫浜と松ケ崎の間の谷内《やち》へ馬を曳《ひ》いて草刈に行きました。すると沖の方から砂山越しにボーッ、ボーッと変な音が聞こえてきます。砂山の一番の高みに上り浜の方を見渡せば、大変だ、大きなズウタイの軍艦がずらり六ぱい、どす黒い煙を吐き、キッと陸をにらんでいるではありませんか」（「戊辰古老談」平松宇太郎氏より）

黒煙を吐く船など恐らく聞いてはいたが見るのは初めてだったろう。この談話は平松氏がずいぶん年齢を経てからのものなのでこういう表現になっているが、当時はもっともっと驚いたに違いない。

平松氏の話は荷揚げされた荷物の中身にも及んでいる。それを要約すると、

六、七時ごろには上陸が始まり、村の若者が人足に駆り出された、という。陸揚げされた荷物は軍器、弾薬の他に大釜、米、味噌、塩辛鰯《いわし》、梅干し、漬物、鰊《にしん》、草鞋《わらじ》その他膨大な量で、村の厩《うまや》全部を臨時倉庫に代用したと話している。

兵が上陸し終えると、今度は村中の女が総出で握り飯を握り、それを空の俵に詰め、いっぱい

になった俵を男が馬に積んで兵営まで運んだ。これがしばらく続いて家業に手が回らなかったと証言している。

千、二千といった大規模な兵の移動には、こういう物資の運搬を伴うのが常である。新政府軍が移動する先々で村人、町人の大動員が行われ、村人は大変な思いをしたのだと思う。最初は驚き、次に恐れ、しかしやがて慣れ、最後は「兵隊さん」になったのだろう。この述懐からはそういう感情の動きがわずかに伝わってくる。

新政府軍は物資を運んでくるので略奪の必要がない。彼らが異国の住民を味方とまではいかないまでも、会津のように敵に回さなかったのは、莫大《ばくだい》な量の物資を莫大な費用と労力をかけて運搬してきたからに他ならない。

平松氏はこの談話の中でもう一つ重要な証言をしている。それは西郷隆盛の新潟滞在についてである。その箇所を少し抜き書きしてみたい。

「村の庄屋神田喜左衛門様方には見上げるような大男の市来太郎兵衛さまが相当長く滞在されました。軍艦が来てからだいたい三十日後でしょうか、西郷隆盛さまが松ケ崎から市来さまを訪ねてこられ、確かに神田さまのお宅へ一、二泊されました。西郷さまは市来さまより更にひとかさ大きく、お宿は松ケ崎の坂井七左衛門さまですから、市来さまとよほどのご用談があったため、自身お出かけになったものと思われます」（同談話）

平松氏は西郷が松ケ崎（現在の北区松浜）に滞在していて、太夫浜にもやって来たと証言しているのだ。この市来何某という人物の詳細は不明だ。しかし西郷が泊まりがけで訪ねてくるのだから、軍の中で重要な立場にいたのは確かだろう。

西郷は新潟が陥落した後、軍艦春日でやって来て、しばらくの間、松浜に宿泊していた、と伝えられている。だが実のところ西郷が北越戦線にやって来たという記録はない。平松氏の口述はこれを証明する重要な証言ということになるが…。ちなみに太夫浜には「明治戊辰西郷隆盛宿営地」の碑が残っている。北区郷土博物館の解説文によれば昭和五（一九三〇）年九月に西郷の門弟を名乗る松田武五郎と、西郷が滞在した神田家の精太郎（喜左衛門の孫）によって建てられたとある。激烈な上野戦争を生き残った西郷が、新たな戦いの場を求めてやって来たのだろうか。平松氏の証言は西郷の新潟滞在を証明する数少ない証拠と言える。

明治戊辰西郷隆盛宿営地の碑（新潟市北区太夫浜）

新発田藩の同盟離脱と新政府への恭順

こうして上陸した部隊は二手に分かれ、間もなく進撃を開始した。黒田が率いる薩長・芸州が主力の一隊は新発田城下へ、もう一隊は山田が率いて阿賀野川右岸に進み新潟攻撃に備えて駐留した。

黒田は先発隊を編成し「上陸通報」を持たせて新発田城下に急行させている。この通報は文章が残っていて、それを読む限り通報というよりは新発田藩の動向を打診した確認書の色合いが強い。例えば「一藩として天兵（新政府軍のこと）に異心がなければ今夜九つ時（夜の零時）までに重役三人を太夫浜に出頭させられたい（訳筆者）」と要求し、もし時間に遅れるようなら「直さま御城下まで進入いたし候」と脅している。

実はこの時新発田藩内では前藩主で後見役の静山が慎重な姿勢を崩さずにいた。家老の溝口半兵衛が重役会議の回状を回しても、病気と称して誰一人出てこないのだ。新政府軍の上陸を知らせる書状は七月二十日には半兵衛のもとに届いていた。半兵衛としては上陸予定日の二十五日には太夫浜まで出迎えるつもりだったが、肝心の重役会議が開けないので出迎えができなかったのだ。事前に上陸日を知らせたにもかかわらず出迎えもなしという状況に、黒田はいささかの疑念を抱いたのだと思う。

通報を受けた新発田藩では家老の溝口半兵衛が中心となり、すぐさま静山とかけあって裁可を取り付け、直ちに重役と兵を派遣した。

黒田は新発田藩の恭順を了承し、すぐに新発田城下に入ると立売町の中村藤蔵宅を宿舎とした。家老の溝口半兵衛は中村宅に黒田を訪ね新発田藩の事情を説明して了承を得た。この後、黒田の手配で幼君の溝口直正と溝口半兵衛、入江八郎左衛門ら重役数人が柏崎に赴き、総督の仁和寺宮嘉彰《にんなじのみやよしあきら》親王に拝謁して忠誠を誓っている。

この一連の流れを指して、旧同盟軍に同情的な思いを抱く方の中に今も「新発田は裏切った。新発田は裏切り者だ」と話す方が少なからずおられる。

「裏切り者」—言う方と言われる方でこれほど感情のギャップが大きい言葉は珍しい。この忌まわしいレッテルを新発田人は維新以来ずっと負い続けてきた。

新発田藩は秀吉取り立ての外様大名で、表高は五万石。江戸幕藩体制の中では最下層に位置する小藩と見られていた。その弱小藩に「してやられた」という大藩の怨恨《えんこん》が俗説を生み、敗戦の言い訳にされたのだと思う。

新発田藩は王政復古令の前から京に重役や兵を送り込み、戦争中も一貫して新政府寄りだった。奥羽越列藩同盟への加入にも消極的だったし、膠着した長岡戦線の最後の最後に無理やり出兵させられるまで一小隊の派兵もしなかった。つまり新政府寄りであることを隠さなかったのだ。そのことを十分に承知していら立ちを募らせ、遂には城を包囲し、藩主に謝罪まで要求して出兵を強要したのは米沢藩をはじめとする同盟軍の大藩だった。この時の様子は「米沢藩がやって来た」で描いたつもりである。

七月二十七日、新発田藩の同盟軍離脱と河井継之助の重傷がほぼ同時に伝えられ、戦局転換のきっかけになった。同盟軍は新発田藩の本意を知っていながら小藩と侮り、大したことはできまいと高をくくって放置していた。だが戦の結果として自分たちが敗走する羽目になってしまった。「新発田に裏切られた」という感情は、大藩としての悔しさを格下の小藩のせいにして感情のやり場を転嫁する、そういう表現のように聞こえる。

北越戊辰戦争での新発田藩の立場と同盟軍離脱にいたる経緯については「最後の決断」で詳述しているのでここでは触れないことにしたい。

追い落とされる米沢兵

津島屋の生まれで当時十三歳だった坂井俊吉氏は先ほどの平松氏と同じく晩年になって一日市、本所での新政府軍と米沢軍の戦闘ぶりを口述している。その内容を簡単に紹介したい。

「官軍が対岸の松ケ崎に布陣しますと津島屋では急に村民が動揺し始め――」金目の物を畑に埋めたり、馬や牛を移動させたりし始めた。

「午後になると沼垂方面から米沢軍が三、四十人やって来て、藪《やぶ》かげから対岸の官軍の様子を眺めていました。官軍がそこへ鉄砲を撃ちかけ、その弾が木にあたってカラカラッと音をたてました」。米沢軍は一日市と新発田街道の交差点あたりに台場を築いていた。七月二十六日になって新発田藩の帰順がはっきりし、松ケ崎の新政府軍も遂に動き始めた。新政府軍は阿賀野川河口付近を渡河し現在の空港のあたりに上陸すると直ちに本所へ向けて進撃を始めた。

「退路が危うくなった米沢軍は守りを捨て、村人たちを道案内者として作場道（農道のこと）から作場道へと壊乱状態になって沼垂へ退きましたが、それでも竹野原だの上木戸の一本榎のあたりには、米沢兵の屍体《したい》が三、四あったと聞いていています」。本所へ入った新政府軍はすぐに米沢軍の追撃を始めた。その際本所村の農民に道案内を要求したという。農民たちは同じ日に逃げる者を案内し、それを追う者をまた案内する。「どうも妙な日だな」と顔を見合わせたという。（「□」内は「戊辰古老談」坂井俊吉氏、安政二年津島屋生まれ、より）

坂井氏が言う上木戸あたりの米沢兵の屍体というのは、実は沼垂竜雲寺に本陣を置いていた同盟軍としての新発田兵二百人が関係していた。

新発田は米沢軍に城を囲まれ仕方なく何個小隊かの兵を出した。竜雲寺の二百人もその中の一つで米沢軍と行動を共にしていた、共にしていた、というよりは監視されていたのだ。

その装備というのがまたいかにも旧式で法螺貝《ほらがい》に陣太鼓、槍に刀に美しい陣羽織、銃は火縄銃がほとんどというおよそ実戦に向かないいでたちで、当時の新発田兵の標準装備とは懸け離れたものだった。装備というよりは装飾に近かったろう。要するに新政府軍と戦う意思はないという表現に他ならず、米沢軍も苦々しい思いで見ていたに違いない。

新政府軍が近付いて来ると新発田兵はさかんに空砲を撃ち、自分たちの存在を知らせて、やがて合流に成功した。この時農道を逃げて来る米沢兵を狙撃したのだ。

新潟市東区はなみずきのさくら公園に「戊辰の役祈念の碑」という碑がある。大人の背丈以上もある大きな碑は平成九（一九九七）年十一月にこのあたりの宅地造成に伴い新たに建立されたものだ。実はこの碑は、別の場所にあった古塚を移動させたのがもとになっている。「官軍塚」と呼ばれていたその塚の下には戦死した米沢藩士が埋葬されていた。被葬者は恐らくこの時の戦で命を落とした米沢兵たちだろう。

屍となった同盟軍兵士の埋葬は許されていない。このあたりの農民が見るに見かねてひそかに埋葬し「官軍兵士の供養塚」と偽り守ったのだと思う。米沢藩はこの後間もなく新政府軍に降伏し、それだけでなく会津や庄内に対して降伏を働きかけることになる。新政府軍も塚の下に眠る者たちが官軍でないことくらいは分かっていただろうが、米沢藩が恭順に転じたため見て見ぬふりをしたのだろう。

木戸の村人にとって死人に薩長も米沢もない。屍は供養するもの、それが今も昔も変わらぬ普通の感覚だろう。ところが幕末の一時期「逆賊は野ざらしに」という考えが横行し、屍を放置された土地の人々は大いに迷惑した。米沢兵の塚を官軍塚と呼んだのは、新政府軍への恐れももちろんあっただろうが、「官軍の塚ならかまわんだろう」という皮肉も込められていたように思う。「死んじまえば官軍も賊軍もねえ」村人のつぶやきが聞こえてきそうだ。公園は今、病院やスポーツ施設に囲まれた地区の一角にある。私が訪ねた時は数組のお母さんと子供が午後のひとときを過ごしていた。

米沢軍は沼垂湊と対岸の新潟湊に駐留していた。このうち沼垂は当時新発田領で、新発田藩としては大事な米の積み出し港を戦場にしたくなかった。寺や蔵や湊が焼けるのを避けたかったのだろう。そこで米沢兵を対岸の新潟町に落とすよう仕向けた。急激な追い打ちはそのためで、沼垂町にとどまる余裕を与えないためだった。この策は当たり、米沢兵はわれ先にと船で信濃川を渡っていった。

この時の様子もやはり古老が述懐している。

「私の家は沼垂上町で郷宿をしており米沢兵が十八人泊まっていました。お頭さまは五十以上、一番若い人は十六歳でした。（中略）（米沢兵は官軍が来るというので出動したが）翌日上木戸の方からドヤドヤと大急ぎで戻って来て（中略）船はどこにあるかと訊《たず》ねられ（中略）裏の栗の木川から船を出された。その時一番若い十六歳の人が乗り遅れ、鉄砲をひきずってオイオイと泣きながら船を呼んでいたことを思い出します。船は栗の木川を出て新潟の上へ向かって行きました」（沼垂木内氏老母　昭和八＝一九三三＝年七十五歳）当時十一歳だった宿の娘の回顧録である。

降って湧いたような事態の急変に直面し、考える間もなく追い立てられ、遂には逃げ遅れて殺される。そういう者たちがあの官軍塚の下で眠っていたのだろう。

こうして新発田藩がもくろんだ通り、市街戦は新潟町で行われることになる。新発田軍は対岸から大砲を撃ち込んで新政府軍の新潟進攻を援護した。だが上陸部隊としては参戦していない。そこで新潟町の市街戦は新発田藩ではなく、米沢藩最後の戦いという視点で要約して描きたいと思う。

新潟陥落

新発田藩は堀主計と吉田釜太夫の二人が太夫浜の新政府軍本陣会議所に赴き作戦会議に参加している。これが二十八日の夜のことで、新潟総攻撃は翌二十九日の早朝に始まった。

一方、同盟軍新潟守備隊の主力は米沢兵三百人で、他に会津、仙台兵がいたがすべて合わせても四百人に満たなかった。

米沢藩新潟総督の色部長門は市中の要所に柵を設け、信濃川の川岸に塁を造り、海岸に台場を築いて大砲数門を備えつけていた。敵の進攻は河口と海から来ると考えていたのだろう。確かに新政府軍の攻撃配置はそういうものだった。総督宮が編集した「北征日誌」という記録が残っている。それによれば新政府軍の進撃コースは次のようなものだった。

・浜の手より市中・中筋を進む・山の手を進む・関屋襲撃・河岸砲台

市中の攻撃には薩長が主力となり、関屋襲撃は高鍋藩があたった。ちなみに最後の項目の河岸砲台が新発田兵の役目だった。

この関屋襲撃の様子は「北征日誌高鍋藩届出」に記録されている。

「出来島を川岸に沿って進み、小舟で平島付近に上陸」。上陸の後数人の米沢兵を倒しながら関屋まで進んでくると待ち伏せしていた敵兵が砲撃を仕掛けてきた。折よく長州兵と出会い、協力して交戦の末数人を倒した。そのうちの一人を検分したところ「死骸相改め米沢重臣色部長門の確証を得申し候」と米沢藩新潟総督色部長門の死を伝えている。もう少し色部が死に至る過程を追ってみたい。

三つの口の薩長兵が信濃川を渡河し、高鍋藩兵が平島に上陸を敢行していたころ、色部長門は西堀の奉行所の前で奮戦していた兵を集め握り飯と二朱銀二枚ずつを与えて撤退を諭していた。「無駄死にする必要はない、早く逃げろ」ということだったのだろう。

部下を逃がすと自分はわずかな手勢を率いて関屋に向かった。現在の県立新潟高校の前あたり、当時はナス畑だったというが、ここで金鉢山方面から進撃してきた高鍋藩兵と遭遇した。

それにしても色部は何をしに関屋方面へやって来たのだろう。これはまったくの推測だが、関屋には長岡藩の関屋蔵所があった。色部はこの蔵所に貯蔵されている米を、同じく留め置かれている船で、幾分かでも積み出そうとしたのではないか。他に関屋へやって来る理由がどうにも見つからないのだ。ちなみに高鍋藩兵はこの蔵所に火を放っている。

色部は遠くに敵兵を見つけた時点で松林に身を隠すこともできたはずだった。だがしなかった。ピストルを乱射し、次いで抜刀斬り込みを行い、その最期は銃弾に倒れている。蔵が燃えているのを確認したためだろうか。色部の首を斬ったのは家臣で、色部の命令によるものだった。

色部長門の他、浦戸、斉藤、金内の四人の小さな墓が残っている。関屋本村念仏寺。境内の一隅にある老松の下に「戦死四名供養墓」とだけ標《しる》された墓がある。墓標は既に風化で読みにくくなっており、その脇に立つ「戊辰の役　戦死四士の墓」という木の札がなければ危うく通り過ぎてしまうほどだ。この木札を立てたのは「関屋戊辰戦跡を偲ぶ会」という会の人たちで、妙見の会津藩士の塚もそうだが、こういう人たちの尽力のおかげで「賊軍」とされた人たちの魂は多少なりとも救われているのだと思う。機会があればぜひ念仏寺に立ち寄り、この小さな供養墓を探して手を合わせてもらいたいものだと思う。手を合わせると、なぜか「あなたたちのおかげで…」と素直にそういう気持ちになれる。

金鉢山から侵入してきた一隊は白山を通って神明町と古町通五番町に火をつけた。およそ五百軒が焼かれ古町、寺町、新津屋小路までが焼け野原になったという。午前十時すぎには新潟奉行所を占領した。この瞬間に会津への海からの補給路は事実上断たれたのである。

村松藩の対応

同盟軍の総退却に伴い八月二日には三条が、四日には加茂と新津がそれぞれ新政府軍に占領

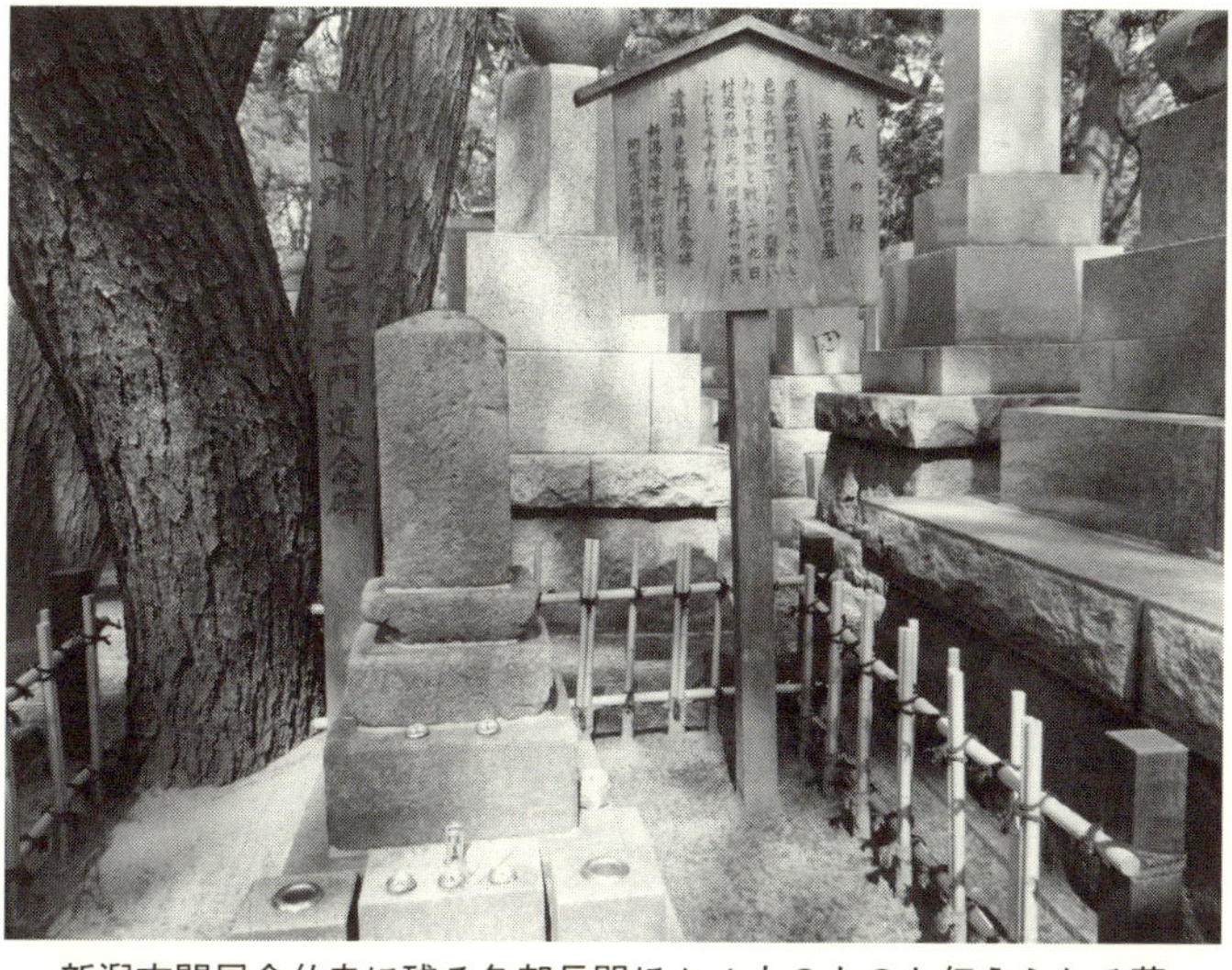

新潟市関屋念仏寺に残る色部長門ほか４人のものと伝えられる墓

された。

長岡城が再度落城すると村松藩兵はその夜のうちに村松へ戻った。八月一日、三条が新政府軍の攻勢を受けていた頃、村松城中では藩の帰趨《きすう》を決める評定が開かれていた。この席で家老の堀右衛門三郎は藩主の村松退却と米沢への避難を主張し、これが藩論となった。村松はこの直後、五泉方面から進撃して来た新政府軍に攻められ城下の大半が焼け野原になり、村松を出た藩主一行は十四日に米沢藩に到着している。ところがその一方で勤皇派の近藤安五郎、小川平次右衛門らが先代藩主の異母弟、奥田貞次郎を擁立して藩の存続を画策していた。

八月四日、村松城が落城したその日に奥田貞次郎は匿《かくま》われていた蛭野の慈光寺を出て、翌五日に五泉会議所へ赴きそこで保護された。奥田は謹慎を命じられるが、近藤、小川ら正義連二百人が嘆願書を提出。五泉会議所はこれを認めて、まず正義連を村松市中取締方に任命し、九日には村松藩兵の軍事編成を認めた。

十一日、村松兵には改めて沼越口の先鋒が命じられた。津川進攻作戦の前線に立たされることになったのだ。奥田も十五日に謹慎が解かれている。

この帰順の決定の早さは事前に内密の下交渉が行われていた可能性を疑わせる。あるいは河井が何かにつけ村松藩を責めたてたのは、この勤皇派らの動きに疑いを抱いてのことだったかもしれない。先代藩主の異母弟が謹慎を解かれたことで堀家の家督と領分は貞次郎の家督継承をもってこれまで通りと認められた。

新発田藩兵の出撃

同盟軍離脱後の新発田藩には先鋒隊としての過酷な役目が待っていた。この点は新井会談後の高田藩と似ている。

八月十六日に奥羽追討軍参謀壬生基修《もとなが》が新発田城に入城し、次いで二十二日には総督の仁和寺宮義彰が入った。これにより会津征討越後口の本営は柏崎から新発田に移った。高田もそうだったが城下は新政府軍の兵であふれかえり、兵糧や軍需物資の調達、新発田兵の出撃準備などで大混乱になった。

新政府軍は攻撃隊を会津口、米沢口、庄内口の三つに分け、三口とも新発田兵を先鋒とした。供出した兵力のうち最も規模が大きかったのが会津口で総人数は八百二十六人に及ぶ。戦闘がほぼ終了する十一月一日まで従軍している。

また藩兵の他に庄屋または庄屋の子息らによって構成された正気隊という草莽《そうもう》の部隊も参加していた。このあたりの考え方は侍だけで戦っていた同盟軍とは明らかに違っている。

正気隊はもともと新発田軍の兵力不足を補うために結成された隊だったが、指揮官には尊皇思想を学んでいたか、あるいはそうだと推察される者たちが就いた。

彼らは庄屋といっても大地主層の出身ではない。大地主の下で下層農民や小作農民と向き合う中小地主層の出身者が多かった。天領では村方三役のうちの組頭、百姓代にあたる階層である。彼らは小作農が地主らに対して不満を隠さなくなったことを目の当たりにし、農村支配の行き詰まりを敏感に感じ取っていた。この時代、農村はもはや大地主の権威ではまとまらなくなり、それに代わるものとして勤皇があったのだと思う。正気隊の指導者は村の統率のため勤皇を学び、村の中間管理者として学んだ思想を小作農に広めたのだ。

正気隊の結成は単に藩の兵力不足を補うためのものではなく、農村を勤皇でまとめるという新しい支配体制の一つの結論だったのだと思う。

同盟軍諸藩で農民が徴発ではなく積極的に軍に参加した例として庄内藩の農兵隊、町兵隊、商兵隊などがある。だが彼らは思想でまとまっていたわけでなく、藩の軍事組織に組み入れられるかたちで訓練を受け部隊の一員となった。庄内藩の農民兵が本気で今の体制を守るために戦っていたとは思えないし、恐らく彼らが任された仕事は侍たちとは範囲が違っていたと思う。

新発田藩正気隊は勤皇という思想で侍たちと共通点を持っていた。彼らは補欠や輸送隊ではなく、正規軍と行動を共にする別働隊として前線を戦い抜いた。赤谷口の戦いで初参戦し、以降各方面を転戦して最後は会津戦争まで従軍し多くの戦果を上げた。

同盟軍で農民兵をここまで使った藩は他にない。それどころか庄内藩以外は武士だけで戦っていた。彼らが敗れた背景の一つに、同盟を組んだ新発田にこういう隊があり、相応の理由があって存在しているのだということを、知ろうとする余裕がなかったことが挙げられる。

赤坂山の戦い

新発田藩の戦いは会津、米沢進攻の先遣隊として始まる。

会津口の戦いは二隊に分かれて進軍した。一隊は水原、出湯、安田方面へ展開。新発田を先鋒に長州・薩摩・明石・芸州の各藩が続き、敵残存兵力を駆逐しながら八月二十六日に会津街道を進む部隊と合流した。

国道四九号を新潟方面から津川方面へと進む。安田の町を過ぎて緩やかな坂を下ると右手に阿賀野川の雄大な流れが見えてくる。この時、左手に見える小高い丘が赤坂山である。藤戸川が阿賀野川に合流するこの河岸はかつて切り立った断崖になっていた。

中世、水原氏の家臣、草水氏がこの地に砦《とりで》を築いて水運支配の要とした。戦国時代から三百年の長い時を経て、砦としての機能は既に失われていただろうが交通の要衝だったことに変わりはなく敵を迎え撃つには適した場所だったのだろう。

慶応四（一八六八）年七月二十七日、海上機動部隊の上陸で不意を突かれた同盟軍は、水原、笹岡で敗れて後退し、この赤坂山の砦跡地に砲台を築いて布陣した。新発田軍を先鋒に薩長、芸州、越前などの新政府軍は八月一日早暁にこの砦を攻めた。それは今後、阿賀野川を会津攻略の補給路とするための重要な要地と判断したためだろう。戦闘は激戦になったという。台場にこもった会津藩士二十四人が戦死している。同盟軍は間もなく後退し、戦闘はその後宝珠山、小松、対岸の佐取（五泉市咲花）へと移ってゆく。この間、同盟軍の放火によって方々で村が焼かれ、焼け出された村人は会津に人足として連れていかれたという。

一方、津川を目指す会津街道の部隊は、進軍して間もなく会津領との境（境川）にあたる中山村手前で陣地を築いて滞陣した。この先には会津が駐屯する赤谷があった。

会津軍は境川を前線として中山村とその山中に陣地を築いた。赤谷を守るために中山村に防衛線を敷いたのだ。この中山村への入り口は山裾と川に挟まれた狭い街道だった。この道をめぐってここから一進一退の激戦が始まる。

赤谷方面の戦い

準備を整えた新政府軍は八月十四日の七つ時（午前四時）に進軍を始めた。本隊は街道を真っすぐ進み、敵陣のある中山村の手前、山を迂回する直前の角石原《かどいしはら》という山と道の境目が激戦となった。北征日誌はこの戦の戦況を「灯火を消して進んだが雷雨で視界がきかず、そこを互いに襲撃し合い、やみくもに撃ち合い、接近戦になり、銃弾は雲霞《うんか》のごとく飛び交い、敵味方入り乱れてすこぶる苦戦」（訳筆者）と視界の利かない場所での白兵戦の様子を生々しく書き表している。戦闘は新政府軍がいったん兵を引き、その後大砲の集中砲火により何とか会津軍を後退させたと記している。

この作戦にはもう一つ間道から攻め込む別働隊がいた。鳥越という山間地から会津の陣地に奇襲をかけるという作戦だったが、会津軍も同じことを考えたため鳥越地域はゲリラ戦の応酬になった。本道軍はその後も苦戦を強いられたが、この別働隊がゲリラ戦を征し、境川を越えて側面から敵陣を突いたため会津軍は支えきれなくなり、赤谷に撤退した。この戦で新発田は本道軍の隊長窪田源五右衛門が戦死した他多数の戦死者を出している。

角石原は県道新発田津川線の中山にある。今は短いトンネルをくぐるだけなので意識しなければ気付かずに通過してしまう。だがこの戦いが行われた頃は今とは随分違う景色だったようだ。「道のすぐ左は加治川の深い淵と杉林、右は城山の麓に小柴が生い茂る」（「北征日誌」より・訳筆者）という記録が残っているが、山裾の狭い道はすぐ足下を加治川が流れる狭

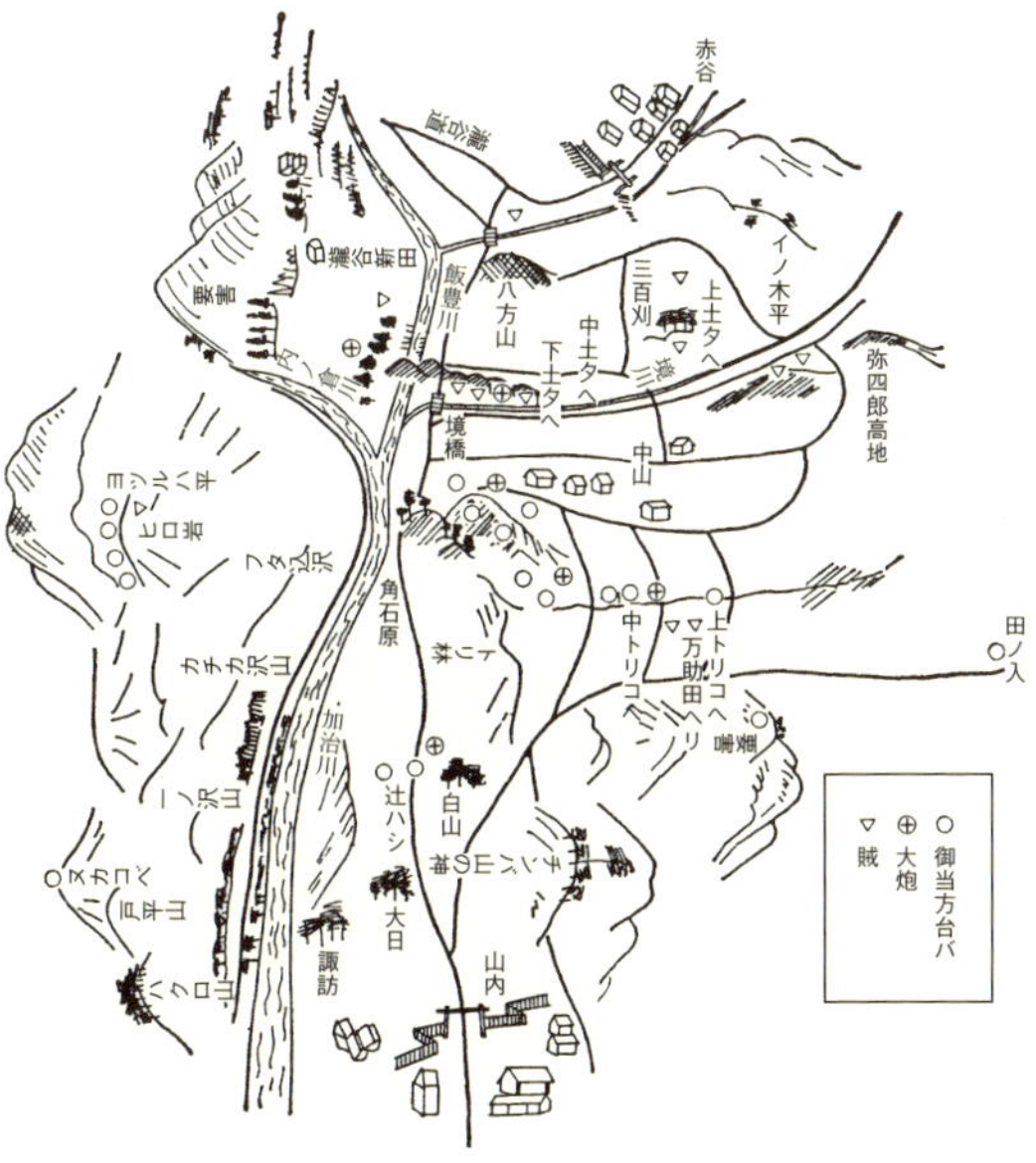

角石原付近戦場図
（『新発田市史』（下）　新発田市教育委員会　所収）

い小道だったのだろう。

新政府軍としては赤谷を攻めるにはこの角石原の狭い道を通らねばならず、逆に会津はこの道を守って時を稼ぐつもりだったのだろう。そのため中山村とその山中に陣地を築いて銃弾の雨を降らせたのだ。現在この山の中腹には「角石原戦跡」の石碑が立っている。

県道を角石原からさらに進むと赤谷の会津藩口留番所跡と道が二叉《ふたまた》に別れる場所に着く。ここは越後下越地区における会津藩のいわば前線基地で、この番所で人や物を検《あらた》め、厳しく監視していた関所だった。それゆえ赤谷は新政府軍の標的となり多くの死傷者を出したのだ。

この番所跡の脇に「會藩戦死碑」の石碑と「会津藩戦死者供養実行委員会」による解説文が並んで立てられている。

ここでも例外なく会津兵の遺体は埋葬を許されずそのまま放置されていたに違いない。ずいぶんたってから付近の住民が様子を見て埋めたのだろう。この解説の末尾には昭和六十三（一九八八）年と書かれている。「戦死者供養」をするのに、わざわざ「実行委員会」をつくらなければ埋葬場所がどこにあるかも分からないのが実情なのだろう。国を挙げての調査、記録を考えるべきだと思う。

会津兵を偲《しの》ぶ塚は常に目立たぬ場所にある。小丘の上、藪の中、人家の軒先、人里離れた道の途中。幕末という激動の時代に何を行い誰を殺《あや》めたにせよ、百五十年もの間、死後も差別され放置され、それが当然といえる悪行など果たしてこの世にあるのだろうか。

角石原古戦場　県道新発田・津川線、内ノ倉ダム入り口付近

會藩戦死碑　県道新発田・津川線、赤谷付近

赤谷の戦死碑をぼんやり眺めている間、私が耳にしていたのは、ほんの時折通る車の音とすべてを覆いつくすようなセミの鳴き声だった。

米沢藩降伏

米沢藩は甘糟継成や千坂高雅、色部久長といった重臣たちが軍の洋式化に積極的だったため兵の装備は充実していた。新発田藩は赤谷口の先鋒と同時に、装備の充実した米沢、庄内の両藩が陣を置く黒川、中条方面、いわゆる米沢口でも先鋒を務めた。家老の溝口靭負《ゆきえ》を総大将に総勢三百四人。この隊にも正気隊が参加していて、そのうちの石川士郎と小川顥太郎《こうたろう》の二人が小隊長に任じられていた。

戦いは七月二十五日、つまり太夫浜に新政府軍が上陸した日から始まっている。先発隊は三日市藩を説得して新政府側に取り込み、この藩を拠点にして黒川、中条の二方面にそれぞれ進軍した。

黒川口は胎内川に遡《さかのぼ》って進軍したと思われる。坪穴《つぼあな》から鼓岡《つづみおか》まで進撃したが同盟軍の反撃に遭い、現在の国道二九〇号を南下後退し下中山に陣地をつくって滞陣した。

一方、中条口は芸州藩と共に中条まで進出したが、八月六日、七日の二日間にわたって夜襲をうけ三日市藩まで後退している。

新政府軍の総反撃は八月十日に始まった。黒川口は鼓岡から胎内川を渡って対岸の夏井を制圧し、梨木峠を越え、国道二九〇号の道を今度は北上して下関まで進撃した。下関では中条から荒川沿いに東進して来た本軍と合流している。

　梨木峠は胎内市旧黒川村の鼓岡と夏井、坪穴集落の小長谷《こながたに》を結ぶ小さな峠である。峠の道は今も国道二九〇号が通っていて、頂上には「戊辰の役梨ノ木峠激戦の地」の木碑が立っている。峠は戦場になったので刀や銃弾はもとより人骨も埋まっていたという。このあたり一帯には米沢軍の死闘の跡が多く残されているのだ。

　夏井集落は新政府軍によって一軒残らず焼き払われた。集落全体が米沢軍の拠点とみられていたのだろう。今も「焼け残りの大欅《けやき》」と伝えられる欅の大木が残っている。他にも峠の近くに「米沢さま」と呼ばれる石地蔵が、須巻集落の入り口には千人塚という石塚が、小長谷集落の入り口には百人塚という祠《ほこら》が残っている。このあたりはまるで敗れ去った米沢軍の供養の地であるようだ。

　米沢藩は荒川の上流、榎峠に陣地を築いていたので、下関に集結した新政府軍は八月十一日、榎峠の米沢藩陣地を攻めた。この戦闘における米沢藩の抵抗は凄まじく、兵の装備も充実していたので榎峠、片貝村、沼村の三カ所はおよそ二週間の間、一進一退の膠着状態になった。そして迎えた八月二十九日、米沢藩は正式に降伏を申し入れたのである。

　新発田藩は米沢藩に城を囲まれ、脅され、兵の供出を強要された。この結果、最も激戦になっていた見附、中之島方面に二百の兵を送っている。この中隊の長こそ家老の父で前家老の溝口半左衛門だった。家老の半兵衛は父の出征の前日、親子で水杯を交わしたと伝えられている。

かつて新発田藩主に直接の謝罪を要求した米沢藩が、今度は藩主の世子上杉茂憲を総督宮に謝罪のため赴かせる。米沢藩はこの立場の逆転をどう受け止めていたのだろう。

大藩のプライドがあるなら「新発田は上手に立ち回った」と思うように、あるいは思おうとするだろう。新発田藩に対する「裏切り者」という言葉の裏には、大藩のプライドの最後の砦があるように思える。会津の戦死者供養と新発田藩の名誉回復は、私のなかでは同じ土俵のものなのだ。

新発田兵の戦死者

新発田兵が戦った相手は主に会津、米沢、庄内の三藩だった。長岡城の攻防戦には同盟軍として戦っているので、この藩が実質的に新政府軍として働いたのは七月二十五日から、会津・庄内藩が降伏する九月下旬までのおよそ二カ月間だった。ところがその戦没者は同盟軍として戦死した二十九人を仮に除いたとしても、藩士、農兵、力夫を合わせて六十三人にも及ぶ。(『新発田市史』の記録より)

越後での戦いに最初から参戦していた高田藩の戦没者が六十四人だった(『高田市史』の戦没者名簿より)ことを思えば、新発田藩の戦死者が短期間で異常に多いことが分かる。厳しく危険な先鋒を命じられ、敵からも味方からも裏切り者と冷笑を受けながら戦っていたことが想像される。

新潟縣護国神社に残る戊辰戦争戦没者の墓のうち、新発田藩銘の墓碑の多さには息をのむ。それは意地と名誉をかけて必死で戦った若者たちの墓標なのだ。

新発田藩は鳥羽伏見で戦が始まる前から京都に重臣を送って新政府に恭順し、勤皇の農民兵部隊をつくり、同盟軍に参加しながらも兵は送らず、立場、態度をあえて隠すことはせず地理的な環境から仕方なく同盟軍に参加して藩の存続を図った。

会津は孝明帝の時代に幕府を補佐するという純粋に忠義の立場から、長州をはじめとする討幕派を「斬り捨て御免」で断罪してきた。そのため長州の恨みを買い、孝明帝が亡くなると立場が逆転して新政府から朝敵という扱いを受けた。会津としては新政府への恭順などとてものめる話ではなかったろう。

会津人は今も薩長出身者を嫌い、新発田人はいまだに「油断すると背中から撃たれる」などと陰口を言われている。どちらもこんな理不尽な話はない。越後各地に残る会津兵の碑には銘すらもなく、その扱いといったら例えようのない哀れさを感じるし、護国神社の新発田兵の墓の多さには、たった二カ月の間によくもこれほど戦死者を出したものだと驚かされるばかりだ。

恨みの連鎖は世代を経て今も「こだわり」として人々の心の中に残っている。このこだわりをそろそろ「もういいじゃないか」にしたいと切に願う。

新発田藩が背負ったもの、それは勝利者としての名誉より、数多《あまた》の犠牲と不名誉なレッテルの方がずっと重かった。彼らが背中に負った十字架こそ新発田にとっての維新の墓標なのだと思う。

第八章　庄内藩の転戦—守り抜いた武士の面目

装備

庄内藩（鶴岡藩ともいう）十四万石は酒井家を藩主とする譜代の大藩だった。庄内藩といえば私などは、作家藤沢周平氏が描く下級武士の物語を思い浮かべる。小説に登場する架空の藩「海坂《うなさか》藩」はこの藩がモデルとされているからだ。だが現実の庄内藩は、外様の雄藩がひしめく東北にあって徳川幕府が打ち込んだまさに楔《くさび》のような役割を担っていた。

関ケ原の戦いの後、酒田、鶴岡は最上義光の領地だった。元和八（一六二二）年、最上家が内紛で改易になると高田藩主を経て松代藩主になっていた酒井忠勝が入府して強国をつくり上げた。収入の拡大に力を入れた結果、米の実高は大幅に増えた一方で、取り立てがあまりに厳しく逃散する領民が相次いだ。寛永十一（一六三四）年には遊佐郷の大肝煎りが幕府に直訴するという事件まで起きている。藩政の滑り出しは決して穏やかとはいえなかった。

庄内藩は米の取れ高の他に、酒田が北前船の寄港地だったので安定した収益を得ることができた。この湊からあがる取引税を入れると実高は三十万石にのぼったといわれている。借金体質ではあったが収入も多く、特に幕末は酒田の本間家から十万両余りの献金を受け、他の豪商も本間家に倣って献金をしたので資金は莫大なものになった。これらの金はみな兵装備の近代化と兵器購入に充てられた。この藩もまたミニエー銃を標準装備する洋式軍隊だった。

鶴岡市の致道博物館にある戊辰戦争絵巻には庄内藩の戦いの様子が描かれており、そこから庄内兵の装備が分かる。

服装は紺か黄の筒袖と段袋《だんぶくろ》（ズボン）で朱丸があしらわれた黒の先丸笠に、同じ朱丸の袖印を肩に着けていた。

指図役の方は陣笠に三斎羽織、ベストに段袋という同盟軍によく見られる半洋装の侍姿だった。銃はミニエー銃が標準装備だったが、精鋭部隊は単発で元込め式のシャープス騎銃も装備していた。この銃は映画「隠し剣　鬼の爪」で新式銃として登場しており、刀の時代の終焉《しゅうえん》を思わせる強烈な印象を与えている。

兵は士族、中間・小者、農民、町人、商人に分かれてそれぞれに編成されていた。農民兵は大砲隊も入れると八百人、町人兵は三百五十人、商人隊は百八十人という記録があり、侍以外で編成された隊だけで千三百人を超えた。同盟軍の中にあって侍以外の階層がこれほど多く銃を持って戦ったのはこの藩くらいだろう。

庄内軍は略奪の禁止を明文化し、隊中には軍律を行き届かせ、戦地の先々で敵兵を埋葬供養するための資金まで供出していた。装備がよく軍規がしっかりしている軍隊は強い。会津が降伏した同じ日に、庄内軍は国境を守りきった状態で降伏することになる。

私から見るとこの藩は昔ながらの武士の気風を残す一本筋の通った集団に思える。そういう藩が慶応三（一八六七）年の十二月に江戸の薩摩藩邸を焼き打ちした。この事件の理不尽さが幕臣を激昂させ、慶喜はこれを抑えられなくなり遂には討薩へと舵を切ることになる。

武士の気風あふれる侍たちがなぜ焼き打ちをするまでに至ったのか、まずはそこから見ていきたいと思う。

挑発

江戸市中取締専務。どこかの会社の重役のように聞こえるが、これは大政奉還で幕府が消滅した後、江戸の治安を管理した役職の名である。要は江戸の治安を守る守護職のようなもので、京においで会津藩が担っていた京都守護職と似ている。江戸は将軍のお膝元なので守護職はないだろうということでこういう名が付けられたのだろう。

徳川慶喜は大政奉還にあたって諸侯に上京を命じた。そこで江戸の治安は庄内藩が受け持つことになった。その役職が江戸市中取締専務ということである。諸侯に代わって江戸の治安を守るため庄内藩は上京免除を許されていた。

岩倉具視は薩摩の大久保一蔵（利通）を通じて中山忠能に働きかけ討幕の密勅を用意した。だが慶喜に大政奉還を先んじられ、密勅は効力を失いいったんは無効にせざるを得なくなった。当面打つ手がなくなった岩倉は次の手を考える。各所で騒乱をあおりたて幕府急進派を刺激するという策謀だった。激高した彼らが慶喜を担ぎ薩長に戦を仕掛けるよう仕組んだのだ。

京、大坂では「ええじゃないか」がこれにあたるといわれている。打ち壊しに近い騒ぎを起こし治安という点で旧幕府に不満を抱かせたのだ。この刺激策が江戸ではもっと悪質でもっと大規模なものになった。

薩摩が江戸下屋敷を拠点にして起こした騒乱はそれは悪質なものだった。例えばどこかに集結して檄文《げきぶん》を発し、それを取り締まりの役人に知らせて出動させ、捕り方の手を逃れて逃げ込んだ先が薩摩屋敷、というものだった。この策が悪質なのは、例えば江戸市中を勝手に行軍して捕り方が来ると行軍していた一部が薩摩屋敷に逃げ込む。

甲府の城を襲撃すると触れ回り、捕り方が動くと首謀者たちは薩摩屋敷に逃げ込む。

また小藩の家老を実際に襲撃し、捕り方に追われるとその一部が薩摩屋敷に逃げ込む。

このような挑発が繰り返され、江戸の治安を担っていた庄内藩はとうとう慶応三（一八六七）年十二月二十五日、三田の薩摩藩邸を千人余りの兵で囲み焼き打ちした。

この襲撃を提案したのは江戸留守役の老中稲葉正邦（淀藩主）で、庄内藩江戸藩邸を預かる松平権十郎は「他藩との共同で」という条件をつけて老中の申し出を承諾した。襲撃は庄内の他、上ノ山、鯖江などの各藩と庄内藩の支藩四藩とで行われた。指揮を執ったのは石原倉右衛門（多門）という二十八歳の中老だった。薩摩藩邸の兵力は二百人、それを庄内五百人、他五百人の兵で攻め入ったのだ。

この焼き打ちによる死者は薩摩側が六十四人、幕府側は十一人、捕らえられた浪人は百十二人に及んだという。この時一緒に捕縛された薩摩藩士益満休之助は後に山岡鉄舟を駿府総督府の西郷隆盛の元へ送ることになる。これもまた皮肉な話だと思う。現在、東京芝の戸板女子短期大学の門前には、この時亡くなった浪人たちの供養墓が残っている。

挑発の首謀者の一人だった益満は上野戦争で流れ弾に当たり亡くなっており、もう一人の首謀者相楽総三も偽官軍（赤報隊）の隊長として粛正されている。証人がいないことでこの挑発事件の真相はいまだによく分かっていない。ただ間違いなく言えることは、大政奉還で手詰まりになっていた討幕派はこれを契機に再び勢いづいた。

事件の経緯を知った幕府急進派は激高し、遂には討薩という意思をあらわにする。それがやがて鳥羽伏見の戦いへと突き進むことになる。余談だがこの焼き打ちを提案した稲葉正邦の淀藩は鳥羽伏見の戦いで錦旗が翻るといち早く新政府側に寝返り、助けを求めた会津兵に対し城門を閉ざして砲撃まで加えた。文久三（一八六三）年八月十八日の政変は会津・薩摩・淀の三藩によるものだったと思うが、この変節を豹変と呼ばずして何といえばいいのか。これを「したたか」と呼ぶにはさすがに抵抗を覚える。理屈は分かるが納得できないのだ。そういう意味で私も東北人なのかもしれない。

庄内藩はこの事件を理由に新政府から会津、桑名に次いで朝敵と目されることになった。巻き込まれたという点で、会津とは立場が大きく違っていたはずだが、結局は会津と命運を共にして戊辰戦争を戦うことになる。淀藩のように器用に立ち回るのは無理にしても、もう少し何とかならなかったものか。ばかが付くほど真っすぐに進んだ、と表現する他に書きようがない。

逸話

五月十九日に長岡城が落城すると庄内藩は中老石原倉右衛門を主将として兵を送った。他藩の兵と同様、膠着する長岡戦線に投入され寺泊に駐屯して見附・中之島の戦いに参加した。同盟軍は七月二十五日に長岡城を奪還したが、そのわずか四日後、新政府軍が猛反撃に出て城は再び落城した。阿賀野川以北も新政府軍の海上部隊に押さえられ、さらに新発田藩が同盟軍を離脱したため退路が断たれた。長岡の庄内兵は八十里越で只見の塩沢に入り、塩沢から米沢を経て八月十七日、庄内に帰還している。

その日、慶応四（一八六八）年七月二十五日、松ケ崎村（北区松浜地区）では松ケ崎稲荷神社の祭礼が行われていた。恐らく出店や屋台が立ち並び獅子舞なども出てけっこうな賑《にぎ》わいだったろう。その脇を一丁の駕籠《かご》が通り過ぎた。中には庄内藩の若き中老石原倉右衛門が乗っていた。石原は新潟でオランダの武器商人と交渉し小銃、弾薬の購入契約を結んで国へ戻る途中だった。石原があと半日早く新潟を出て夜が明けぬうちに松ケ崎を通過していたなら、あるいは「軍艦が太夫浜に着いて官軍がどんどん上陸しているそうです。木崎まわりにされてはいかがでしょう」という津島屋の村長《むらおさ》の忠告を受け入れていたなら、若き重役は命を落とさずに済んだかもしれない。

石原を乗せた駕籠は黒塗りの引き戸付きでどう見ても身分の高い侍が乗るものだった。駕籠が砂山を上り始めると突然坂の上にざんぎり頭の兵士たちが現れた。隊長は「早まるな」

と繰り返し叫んだが血気にはやる若い兵士たちの耳には入らなかったようだ。彼らはこの日の朝、太夫浜に上陸した新政府軍の一小隊で、この遭遇もまったくの偶然だったという。（新政府軍の太夫浜上陸の様子については「新発田藩が背負ったもの―新政府軍の上陸」で紹介）

石原が命じたのか駕籠は止まることなく強引に坂を上った。若い兵士たちは容赦なく駕籠に鉄砲を撃ちかけた。担ぎ手はこの時点で逃げ出したと思う。石原は止まった駕籠から引き戸を開け外へ出た。この人物がまさか七カ月前の同じ日に三田の薩摩屋敷を焼き打ちした責任者の一人だとは兵士たちも想像すらしなかったろう。石原は反撃する隙も与えられず刀で後頭部から右耳下にかけて斬られ絶命した。駕籠には書類の他に弥彦神社の弾除《よ》けのお守り、簪《かんざし》、おもちゃ、下駄、菓子が残

松浜本町浄音寺の脇に残る南無阿弥陀仏の碑　石原倉右衛門殉難の碑とされている

されていたという。妻子へのみやげだったのだろう。

石原は薩摩藩邸の襲撃を指揮した一人であり、戊辰戦争でも庄内軍の指揮官という立場にあった。そのため庄内藩が降伏した後は戦争責任者にされ家名は断絶になった。生き残った者が新しい時代を切り拓《ひら》くため亡くなった者に責任を引き受けさせる。これは庄内藩に限らずどの藩でも見られた事例である。理屈としては分かるが、残された家族を思うとやりきれないものを感じる。

今、松浜の浄音寺の脇にある民家の前には石原を供養する「南無阿弥陀仏」と「殉難遺蹟」の二つの碑が並んで立っている。享年二十九だった。

羽越国境の戦い

七月二十五日の長岡軍による八丁沖の奇襲は見事に成功したが、四日後の二十九日には新政府軍の大反攻が始まり、同盟軍は長岡城に火を放ち、その日のうちに八十里越で会津に向かった。退路を断たれ追撃される恐怖にかられながらの敗走だった。そしてこの日、北越戊辰戦争は中越地区での戦闘を事実上終えたのである。

同じ頃新発田藩が同盟軍を離脱した。膠着していた戦線は新政府軍の攻勢で一気に動き、八月二十二日には総督の仁和寺宮が新発田城に入った。これにより新政府軍の総督府は柏崎から新発田に移り、阿賀野川以南の越後はほぼ新政府軍の支配するところとなった。

一方、同盟軍の前線は大きく北に後退し、越後の守りは村上藩が担うことになった。しかし村上は藩論が割れて兵数がそろわず、城を守る主戦派は百人にも満たなかった。家老で主戦派の代表格だった鳥居三十郎は八月十一日、籠城を諦め残った兵を引き連れて城を脱出した。

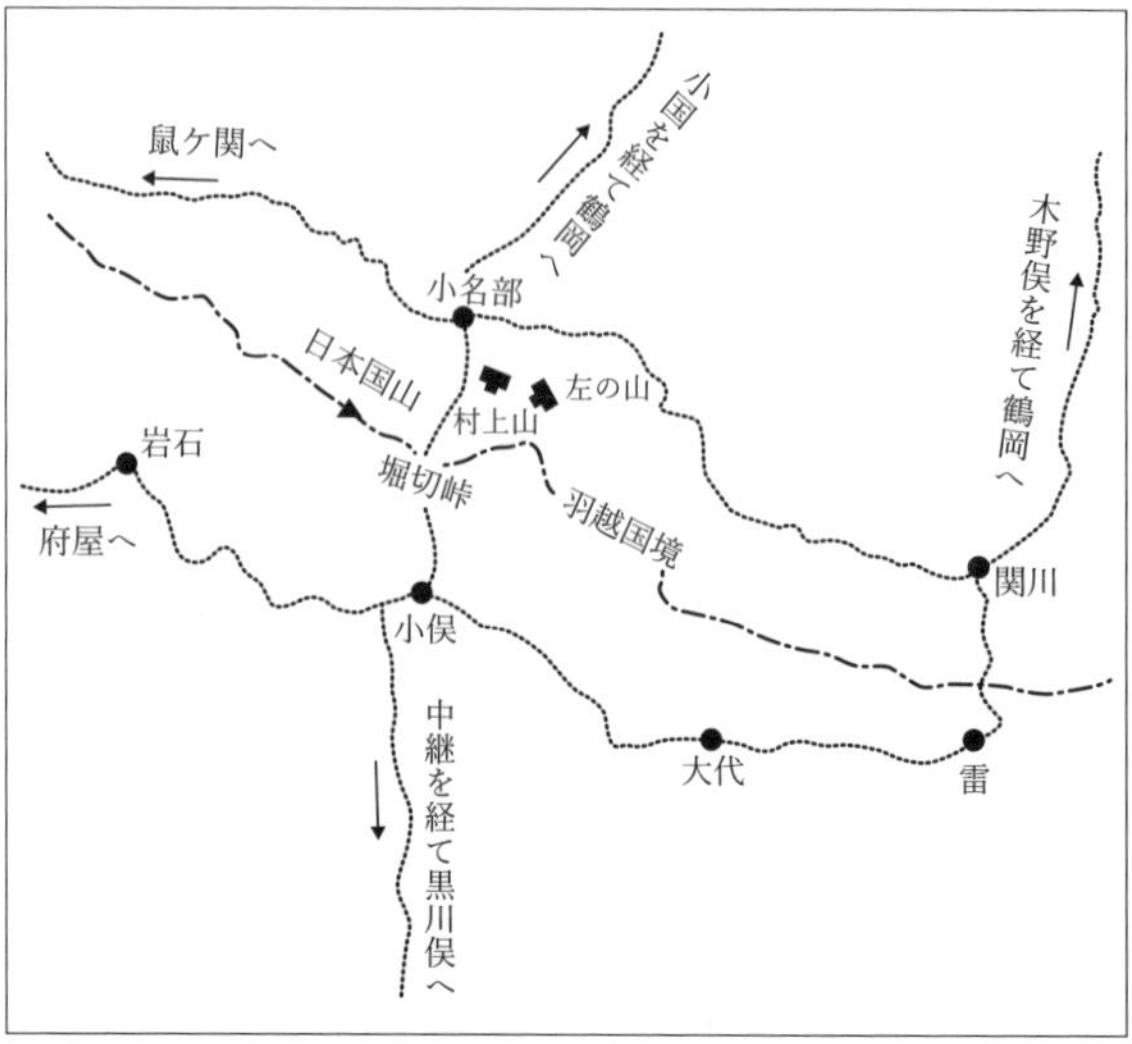

羽越国境村上山付近略図（『村上市史』通史編３　所収）

そもそも村上城は江戸の初めに当時藩主だった堀直奇が十万石の軍役を基準に縄張りした城だった。幕末のこの時期は内藤家が藩主で表高は五万石。だがその実態は戦費のほとんどを領民からの借金に頼る財務体質の脆弱な藩だった。鳥居は藩論が割れ兵がそろわぬ状況でこの広い城を守るのは不可能と判断したのだろう。この時の鳥居の決断は結果として城下を戦火から遠ざけた。村上の古い町並みや貴重な家財が今も残るのは、今日の町衆による努力の賜物《たまもの》であることはもちろんだが、鳥居が城下を戦場にしなかったことも大きく寄与していると思う。

城を焼き城下を脱出した鳥居ら主戦派が向かった先は猿沢の庄内藩の陣地だった。

新政府軍は新発田を出撃すると中条を攻略し

て陣地とした。中条を奪われた庄内軍はいったん荒川を渡って平林まで後退したが、鳥居が城を脱出する四日前に奇襲をかけ奪還に成功していた。しかし村上城が失われたことで中条は拠点としての役割を果たせなくなる。庄内軍の指揮官酒井正太郎は村上城の奪還を強く主張したが、既に恭順派が城下を占拠し、新政府軍の先鋒隊である福井藩兵も城下に迫っていたため断念せざるを得なかった。これにより庄内軍と村上藩主戦派は鼠ケ関から小名部、堀切峠を結ぶ羽越国境の山岳地帯に胸壁を築いて新政府軍を迎え撃つ作戦に方針を変えた。小名部には約千人の庄内兵が集められた。庄内藩最後の抵抗の始まりである。

新政府軍は村上城を補給基地とした。この時城下に逼塞《ひっそく》していた百五十人を超える村上藩の恭順派が新政府軍に投降した。彼らの悲願は前藩主藤翁の帰国だった。藤翁は戊辰戦争の期間を通じて信州の岩村田に足止めされ動けずにいた。（この間のいきさつは『最後の決断』に詳述）村上藩が新政府軍に恭順すれば藤翁も無事帰国できるだろうと考えての投降だったと思う。

新政府軍の主力は越前藩をはじめとする八藩の混成部隊で人数は七百三十人、山通りの出羽街道を北上した。またこれとは別に備中足守藩他四藩の兵二百人が別働隊として海通りの羽州浜街道を北進した。長岡戦線を戦い抜いた薩長の主力部隊は新発田軍を先鋒に会津に向け会津街道を東進していたと思われる。

村上藩の恭順派は山道軍に先導役として同行した。戦闘は羽越国境の堀切峠と日本国山の間で始まる。

八月二十四日、庄内軍は小名部の南側にあたる堀切峠に陣を構えた。また村上兵はそれよりやや北側の中ノ峰に陣取った。

新政府軍はこの二つの陣地を攻略するため、敵陣のある堀切峠と出羽街道を挟んで対峙する日本国山を陣地とした。山の中腹に塹壕《ざんごう》を掘り、そこを拠点に銃撃戦を展開したのだ。二十六日のことである。

戊辰戦争激戦地となった鼠喰岩の陣地（海府海岸絵図）（『村上市史』通史編３　所収）

攻撃は堀切峠ではなく村上兵が陣取る中ノ峰に集中し、故意か偶然か同じ藩士同士が銃撃し合う同士打ちの様相になった。悲惨な戦いである。この銃撃戦で新政府軍先鋒を務めた恭順派の牧大輔と関菊太郎が戦死した。

浜街道を守る守備隊は二十七日、鼠ヶ関の鼠喰岩《ねずみかじりいわ》の陣地を強化した。岩山が通路をふさぐように海際まで迫り出た交通の難所で、庄内軍はここに大砲五門を据え、守備兵を増員して兵力を増強した。

二十八日、小松、三ケ月、三根山、与板の各藩兵を主力とする新政府軍の一隊が岩石村《がんじき》（村上市岸石—旧山北町）に駐屯する庄内軍を急襲した。銃撃戦になったが庄内軍の抵抗は激しく、やがて攻撃側が苦戦に陥り、小松兵に戦死者が出て新政府軍はその日のうちに撤退した。

九月一日、浜街道でも戦いが始まった。新政府軍のうち越前、加賀、土佐の三藩が府屋（旧山北町）から中浜村に進軍して大砲を据え砲撃を開始した。中浜は鼠喰岩のすぐ南側にある漁村だった。

新政府軍は下から上を攻撃するという陣取りの悪さに加え、兵は総じて訓練不足で必ずしも一線級でなかったため鼠喰岩の庄内軍を攻めあぐねた。新政府軍の旗色は時間の経過とともに悪くなり、戦死者六人、負傷者二十三人を出していったん戦闘を停止した。これ以後、鼠喰岩での戦いは膠着状態に陥る。それでもこの間、庄内軍と村上軍は二人の戦死者と十五人の負傷者を出した。ひと月にも満たない戦闘期間で、しかも優位な陣取りをしたにもかかわらず、この数字は決して軽微とはいえない。忘れた頃に時々始まる砲撃戦は、時が空いた分激しい応酬になったのだろう。兵器の破壊力も長岡での攻防戦の間に増強されたと考えられる。新政府軍にとって戦争はもはや火力の実験場だったのかもしれない。

羽越国境での戦いは、海ではなく山が主戦場だった。国境を越えた関川村（山形県鶴岡市関川）を中心に新政府軍も庄内軍も共に多くの勢力を投入して決戦の態勢を整えていた。

九月十一日、戦いは雷峠《いかずち》（村上市雷─旧山北町）で始まる。村上藩主戦派の浅井土左衛門らは新政府軍が動いたとの情報を得て四十人ほどで雷峠に進出した。本来は庄内軍と連携するはずだったがうまくいかず、村上軍は孤立し、あっという間に撃破された。浅井は生け捕りにされた後に斬殺された。斬殺した人間がどういう立場の者かは分からないが、恐らく見せしめにされたのだろう。あるいは同じ村上藩の恭順派の手によるものかもしれない。だとすれば同じ藩ならではの憎しみの深さが伝わってくる。

生け捕っておいてから改めて斬殺する。恐らくなぶり殺しだろう。殺した者が誰であれ、戦の前はなかったはずの憎しみが戦とともに積み重なり、やがてこういう狂気を生むのだと思う。戦場にならなかった他の東北各藩とはここが違うのだ。新政府軍、同盟軍を問わず、人を遊びながら殺したという話は県内の各所に今も残っている。一度埋葬した遺体を「賊徒」と罵り、わざわざ掘り出して野ざらしにするという行為もこの範疇《はんちゅう》に入るのだと思う。

越後は国全体として戦に巻き込まれ、好むと好まざるとにかかわらず分裂して壮絶な殺し合いをした。常軌を逸した殺害の伝承は、戦の苛烈さと、それがもたらす人の心の弱さ、あるいは歪みを象徴しているのだと思う。

庄内軍と村上軍は翌十二日から降伏する二十七日まで何度も関川村の新政府軍を攻めたが遂に奪還できなかった。

この戦で庄内軍の死者は十八人、村上軍は二人だった。一方、新政府軍の戦没者は不明だが、村上市史には旧山北町地内に残る官軍の墓碑は三十基と記されている。

　庄内軍の主戦場は越後ではなく新庄藩、秋田（一般には久保田）藩だった。庄内軍は一個大隊を越後に派遣した他は主力の四個大隊を秋田藩の攻撃に向けている。

　七月に秋田、新庄両藩が南下すると直ちに反撃に出て新庄藩を撃破した。次いで矢島、本庄両藩を破って北上し、大曲、横手といった秋田藩の要衝を次々と攻略した。この時、新政府軍副総督の沢為量《さわためかず》が前線本部の神宮寺から戦わずして退却している。逃げたのだ。

　九月に入ると羽越国境の戦線では一進一退を繰り返していたが、主戦場の秋田では敵を追い詰めるところまできていた。秋田城から約四里離れた椿台陣屋にまで迫っていたのだ。ところがそこへ米沢藩の降伏が伝わり、仙台藩も和睦の方向という情報が入った。米沢ばかりか仙台藩まで降伏しては国境を囲まれる恐れがある。国に戻れなくなる前に撤退した方がいいと大隊の指揮官たちは即座に決断した。このあたりに指揮官たちの判断力の高さがうかがえる。撤退と決まればあとはその段取りだが、要は敵軍に大打撃を与えたうえで速やかに撤退というものだった。

　九月十五日、秋田軍は角館から刈和野（秋田県大仙市）の庄内軍陣地を攻撃した。庄内軍は事前にこの攻撃を察知していたか、あるいはあえて仕掛けさせたのか、いずれにせよ即座に反撃に出て翌十六日には秋田軍を退却させた。司令官の酒井玄蕃はこの戦の直後、夜陰に紛れて陣を退き払い速やかに庄内への撤退を完了している。「庄内藩は最後まで果敢に戦い、しかも負けなかった」。これが私の印象である。

冒頭でも紹介したが庄内藩には武士以外の階層の兵があった。農民がミニエー銃を持って実際に新政府軍と戦ったのだ。だがその実態は徴発による強制的なものだった。

庄内藩新徴組の半隊長として小名部、肘折口で戦い、戦後は歴史家になった和田東蔵という藩士がいる。和田が残した『戊辰戦争録』(明治二十八年刊行全四巻)には、この時庄内全域で千二百六十九人が徴兵されたと記されている。山形県史は「実際はもっと多数の農兵が徴発された」と書き添えている。農兵の徴発は原則として組村の石高と家数を基準に割り当てられた。

八月以降戦争が激しくなると戦場近くの村々ではさらに臨時の徴兵も行われた。田沢組三十四人、本郷組六十四人、大網組五十人が新たに徴発を受け越後国境に送られたという記録がある。また戦費も逼迫して百両、千両の単位で献金を割り当てた。払えなければ借金をしてでも払えという強制的なものだったようだ。ただし兵に給金は支払われている。農兵一人につきひと月二十四貫匁(五〜六両)と米一俵が支給され、死傷した場合は足軽に取り立てる、というものだった。条件は悪くないが、要は徴発で取り上げたものを兵になったら少し戻してやると言われているようなものだ。半農半武の戦国時代の農民が戦に駆り出されるのとはわけが違う。鍬《くわ》や鋤《すき》しか知らない農民が、にわか訓練を受けいきなり銃と大砲の弾が飛び交う修羅場に放り出されるのだ。金のために好んで志願する者などほとんどいなかったと思う。

庄内軍は発足した当初、潤沢な資金を背景に捕虜にまで配慮を怠らない紳士的な軍隊だった。だが戦争末期になると領民から金や人員を脅し取る権力の権化と化していた。領内のあちこちで「無年貢」の要求が出されたが藩はそれを力で鎮圧している。

本来武士は領民を守ることで年貢を取り、その引き換えとして、為政者に逆らわないという条件で農民は命の保証を受けた。それが武士と領民の関係だった。

ところが戊辰戦争末期、次第に追いつめられ人員、物資、資金すべてで逼迫するとそのツケは領民に回った。金も人も取られた揚げ句に守ってもくれない。それどころが藩の盾にされた。軍隊が国民に銃を向けたという点で終戦間際の旧帝国陸軍もそうだった。権力機構の末期というのは、いつの時代も似た景色になるのかもしれない。庄内のような規律の厳しい藩でさえ当初の理念とは違ってしまう。武士が武士らしくあろうとして結局は武士らしさを失う。会津もそうだが、追い詰められるということは、本性を包む鎧《よろい》が一枚一枚剥がされてゆくということなのだろう。

庄内藩降伏への動き

越後の戦いで全精力を使い果たした米沢藩は八月二十九日に単独で降伏した。

庄内軍は桑名兵、旧幕府敗残兵を加えて寒河江に集結し最上川を挟んで新政府軍と対峙していたが、九月二十日、新政府軍、米沢軍、山形軍の攻撃を受けて国境まで後退した。

九月二十二日に会津藩が降伏、翌二十三日には仙台藩も降伏した。いずれも米沢藩の降伏勧告によるものだった。米沢藩は庄内藩にも降伏の勧告をしていた。庄内藩は十六日に重役会議を開き、会津が降伏した同じ日の二十二日に吉野遊平が清水（最上郡大蔵村）で黒田了介と会見し謝罪降伏を申し出た。意図的にそうしたのか、あるいは偶然にそうなったのか、庄内藩は会津藩と同じ日に降伏勧告を受け入れたのである。

降伏後まず二十六日に黒田了介が、次いで翌日には米沢から西郷隆盛が、秋田から大山格之助が鶴岡に入った。城や武器を接収して新発田の総督府に送っている。鶴岡市史によれば、この時鶴岡城下には総勢一万五千の占領軍が出入りした。「侍は刀を納めず身から離さなかったが皆自宅で閉居謹慎していた。市中の商売は普段どおりで、西軍も乱暴沙汰をおこさなかった（現代語訳筆者）」と市史は記している。

薩摩藩邸の焼き打ちという会津とはまったく違う理由で薩長の恨みを買った庄内藩は同盟軍の先鋒となり、その割には会津藩の後塵《こうじん》を拝すような扱いを受け、しかし恐らく同盟軍最強の軍隊を擁して会津と命運を共にした。

戊辰戦争における庄内藩の戦いようはもっともっと注目されてもいいのではないかと思う。

庄内兵のこの戦争における戦死者は三百二十二人、負傷者は四百十二人だった（新紀元社「武器と防具　幕末編」より）。長く戦ったぶん越後各藩や薩長軍の戦死者に比べても数はやはり多い。

庄内武士は時代をばかがつくほど正直に生き、その強さと心意気を敵にも味方にも示した。最新鋭の兵器を装備しながら他藩からいいように利用され、時代の流れにも逆らい、その結果敗者の立場に立たされた。武士としては美しいが領民にしてみれば迷惑千万な話だ。西軍と東軍、領民の立場という視点の有り無しが明暗の分岐点だったのだと思う。庄内藩は真っすぐな武士の集団だったがゆえに、藩としてそこが見えなかったのだろう。

終章　只見に立つ

小雨

越後の戊辰戦争を何度描いても、結局のところ河井継之助に始まり河井継之助に終わってしまう。

幕末の越後には他にも傑出した人材が多く出た。例えば高田藩の川上直本や村松藩の水野作左衛門、新発田藩の窪田平兵衛、村上藩の鳥居三十郎など、皆個性的な輝きを放ちながら、それぞれがそれぞれの立場で大きな役割を果たした。

また、衝鋒隊の古屋作左衛門や今井信郎、水戸市川勢の市川三左衛門、桑名雷神隊の立見鑑三郎、米沢藩の色部長門、庄内藩の石原倉右衛門、会津藩の佐川官兵衛など、よくぞこれだけの人物たちが一堂に会したものだと、この戦争の規模の大きさに改めて息をのむ。彼らが戦った相手は山県狂介、山田市之丞、黒田了介、西郷吉二郎、時山直八といった当時一線級の指揮官たちばかりだ。一国がまるごと戦場になり、方々で村が焼かれ、大勢が死に、その屍の多くが野ざらしにされた。果てることのない恨みの連鎖は今も続いている。

そんな悲惨な戦争の中で、なぜか一陣の涼風を感じる人物がいる。それが河井継之助なのだ。だから越後の戊辰戦争を描くときいつも河井で始まり河井で終わる。河井のいない戦場は私には累々《るいるい》たる屍《しかばね》の山しか連想させないからだ。

その日、十月の下旬、只見町は紅葉の真っただ中にあった。ただその前日もその翌日も抜けるような青空が広がっていたのに、その日だけは厚い雲が低く垂れ、小雨が只見川の水面を小さく波立たせていた。河井継之助記念館から眺める只見川と山の紅葉は暗く寂しげに見えた。

「河井継之助君終焉之地」の石碑の前には「司馬遼太郎が眺めた場所」の木碑が立つ。かの大作家もこの場所に立ち小説『峠』の主人公の人物像を練ったのだろうか、私も木碑の少し手前に立ってみた。

河井がこの只見の地で最期を迎えたのは、私が訪ねた頃より三週間ほど前の十月一日（旧暦八月十六日）のことだった。この時期の山の気温は急変するので何とも言えないが、現代の温暖化を考えれば、この時代の十月はたとえ今より三週間前でも、ずっとずっと寒かったように思う。あるいは既に木々の葉は盛りを過ぎ色を落としかけていたかもしれない。

受け入れる側の事情

河井は負傷したあと八十里越の入り口にあたる吉ヶ平（現三条市下田）まで運ばれ、そこで「会津には行かない、ここに置いていけ」と訴えて動かなかったという。それでも懸命に説得する家臣の言葉を受け入れ、ようやく会津に向けて出発したのが八月四日だった。河井としては自分がこれ以上我を張ればこの者たちも追っ手の巻き添えになる、そう考えたのだろう。意思とは違う承諾をして、自分ではなく、世話をする者たちを助けるため、意にそまぬ返事をしたのだと思う。

この時、八十里越の道を歩いていたのは長岡や庄内、仙台、会津といった同盟軍の兵士たちば

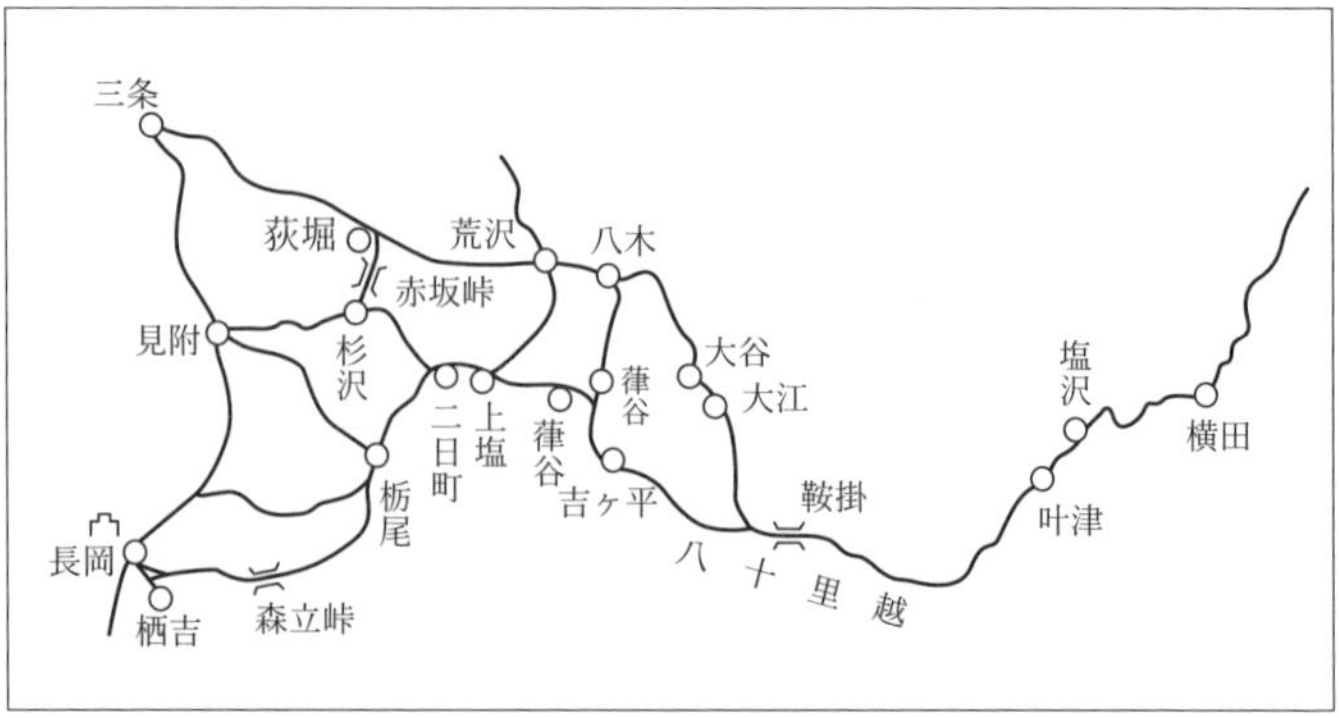

戊辰戦争における長岡軍の経路（『下田村史』所収）

かりではない。国を追われた長岡藩士の家族たちも同行していた。すべて合わせておよそ二万五千人余りに及んだと伝えられる。長雨により道はぬかるみ、足をとられる者が続出した。特に旅慣れぬ女性や子供はなかなか前に進めず、先が詰まって遅々として進まなかったという。

国境を越えて会津領に入ると木ノ根峠から先は会津の井深宅右衛門、山内大学の両隊が警備にあたり、近隣の村々から動員された農民たちが山越えの援助や受け入れ先の確保に忙しく働いていた。

只見で宿の手配から食糧の調達までを一手に任されていたのは、会津藩野尻代官の丹羽族《やから》という人物だった。河井は丹羽の判断で街道沿いから少し離れた只見村の清吉という目明かしの家に滞在することになった。越後を出てから峠道をまる二日、その間、雨に打たれ、担架に揺られ続けた河井の病状はひどく重症化していた。山道の途中「初めから死ぬことは覚悟していたが、こんなに痛いとは思わなかった」と、苦笑いしたという話が伝わっている。河井はたどり着いた目明かし清吉の家に八月五日の夕方から十二日まで七日間滞在することになる。

この時の只見村の周辺はただならぬ状況だったと思われる。国境のそれも山あいの小村にいきなり二万五千人もの侍とその家族がやって来たのだ。世話役の丹羽族の苦心はどれほどのものだったか、想像できるだろうか。

少し現代に話を置き換えてみたい。東日本大震災があった平成二十三（二〇一一）年、在日していた外国人のうち約五千人が新潟を経由して帰国した。

震災から数日たったある日、中国人の団体から依頼を受け、その日、二千人分の宿泊先と夕食を確保、調達した人物がいる。仮にK氏としたい。K氏は当時新潟市教育委員会の次長という立場にあった。彼のもとになぜこのような依頼が来たかは、この際本編とは関係がないので割愛させていただく。団体は方々に頼んで断られ途方に暮れてK氏を頼ったと思われる。だがK氏の方もあまりの突然の依頼にぼうぜんとなったという。当時、飲食店は休業状態、避難民も続々入ってきていて、二千人もの人間を一度に宿泊させる施設などあろうはずもなかった。団体は大人数を抱え本当に困っている。しかも考慮する時間はあまり多くない。K氏は苦心惨憺《さんたん》を短い時間で切り上げ、決断を下し、それを実行した。

まずはひと晩のことなので宿泊は市の体育館やイベントホールを割り当てた。体育館ならシャワーもある。食事は某食品会社からインスタントごはんを調達して何点かの総菜を付けた。ずいぶん感謝されたというが、大変な苦心だったと思う。K氏はこの話をいかにも官僚らしく淡々と語ってくれた。特に数字に正確だったという印象が強く残っている。

話を百五十年前に戻したい。

当時の日記「文政以来万覚張」（目黒正家　熊倉）には「八月二日より六日頃まで二万五千人余引上げ叶津、只見、蒲生、塩沢辺残らず御泊り相成り」と書かれている。只見の河井継之助記念館の資料（只見町　文化調査委員　飯塚恒夫　著）は「当時、田子倉村から塩沢村までの八ケ村の全戸数が二百九十二軒という寒村ですから」と記している。これらの記述から受け入れる側の規模と引き揚げてくる者の数が桁外れに違ったことが分かる。この桁外れの違いを何とか調整して食糧の調達までを担っていたのが丹羽族だった。

当然のことだがこの大人数は只見周辺では受け入れきれず近隣の村々にも宿を割り当てた。楢戸村（現国道二八九号沿い）の横山家にはこの時泊めた人別帳が残っている。それによれば、わずか三十戸の村に五百八人もの「長岡の家族連れ」が宿泊したという。この時八十里越でやって来た長岡藩士は千二百から千三百人、その家族が四千人余りいたことも記録から分かっている。つまり、およそ六千人の長岡人が只見地方に一度に滞在したことになる。百五十年前、流浪の民となった長岡人をこの地方の民は手厚く世話してくれたのだ。

丹羽を悩ませたのは宿泊先の確保だけではなかった。二万五千人分の食糧の調達である。旧伊南村の河原田家に伝わる「山猿日記」（『伊南村史』より）には「毎日百俵の米を調達しなければならなかった」と書かれている。米と味噌は当初会津坂下周辺から運んで調達していたが、長雨に加え、特に一行が到着した前後は大雨になり、道は傷み橋も流され街道の交通は麻痺《まひ》状態になった。このため米や味噌の輸送が滞り、迅速な調達が困難になってしまった。只見村近辺はたちまち食糧難に陥ったのだ。

丹羽はこの窮状を打開するため野尻代官の名で近隣の各組に「御蔵備えの兵糧を残らず出すように」と触れを出し、自らも足を運んで食糧調達に東奔西走した。しかしそれでも間にあわず「万策尽きて兵糧総督の役目が果たせず、諸藩は勿論、上に対して御申し訳相立て難く」と遺書を残し、部下に事後を託したうえで、八月六日の午前三時、役宅の一室で自害した。

河井はこの地に到着した翌日に丹羽族自害の報を知ったと思われる。武士の面目、武士のつらさ、武士の愚かさを痛恨の思いで目を固く閉じ、改めて思い至ったことだろう。河井がこの地を頑として動こうとしなかった気持ちが丹羽の死を通して分かるような気がする。

只見の長岡人

只見にやって来た長岡人の中にはこの地で亡くなった者もいる。先の楢戸村の人別帳には宿泊した五百八人の名簿の末尾に「二人死去」とある。もともと体調を崩した状態でやって来たのだろうが、それがどういう人物でどこに埋葬されたのか分かっていない。この数日後、老人、女性や子供は若松城下に向かうことになるが、亡くなった二人は、あるいは失意と病気が重なってこの先を行く気力を失ったのかもしれない。せめて畳の上で息を引き取れたのだから本人にとっては幸せだったと思う。

またこの先を旅するにあたり幼子を預けていく者もいた。記念館の資料は松谷峰太郎という当時八歳だった長岡人の話を紹介している。

峰太郎は長岡中間町に住む士族松谷満蔵の次男だった。棡戸村の記録にも「松谷満蔵家内三人」とはっきり記されている。峰太郎は兄で、もう一人は幼い妹だった。それはもう随分と悩んだ末の苦渋の決断だったろう、一人を連れ一人を置いて旅立つ母親の気持ちがどれだけつらいものか。峰太郎は武士の男子として、妹のため母親のため聞き分けがよかったに違いない。恐らく逃れてきた多くの家族で同じような別れがあったのだと思う。現代でもシリア難民が同様の苦しみや悲しみを味わっている。この時の長岡人もやはり難民だったのだと改めて思う。

資料によれば、峰太郎は黒谷の吉津という家に預けられ、後に養子縁組をし、船木増蔵という人の長女と結婚して同じ村に分家し一家を成した。七人の子供に恵まれ昭和八（一九三三）年に七十三歳で亡くなっている。孫の一人、佐藤文昌氏は「非常にうるさいじいさまだった。礼儀作法などよく注意された」と回顧している。会津にはこういった戦争孤児が多くいたと考えられている。

一方、母親に連れられた妹の方の消息は分かっていない。あるいは若松城下での戦に巻き込まれ何らかの災厄を被ったのかもしれない。戦争で最もつらい思いをするのは、時代を問わず国を問わず常に幼い子供なのだと、こういう記事に触れるたび思い知らされる。

余命の日々

会津若松城にいた前藩主忠恭は河井の病状を知り一刻も早く若松に来るよう急使を送った。河井は戦に敗れ城を失ったうえにけがを負った身で面目なしとして只見を動こうとしなかった。河井の病状は悪くなる一方で、世話をしていた牧野市右衛門は老公にこのことを伝えようと只見を出て若松城に向かっていた。丹羽族を自害に追い込んだあの大雨が双方の使いの足を止めさせ、二人は只見の手前で偶然に出会った。牧野は急使に「急ぎ良医の派遣を乞う」と伝えた。急使は直ちに引き返しこのことを忠恭に伝えた。忠恭は会津に滞在中の旧幕府侍医、松本良順に河井のもとへ行ってくれるよう要請した。松本はこれに応え、その日のうちに只見へと向かった。

松本良順は天保三（一八三二）に佐倉藩医佐藤泰然の次男として生まれた。十八歳のとき蘭方医松本良甫の養子となり、長崎でオランダ軍医のポンペに医学や蘭学全般を学んだ。文久三（一八六三）年からは奥医師となり医学所の頭取も務めている。第二次長州征伐のさなか、遠征中の大坂で体調を崩し亡くなった将軍家茂を最後に看取《みと》ったのがこの人物である。戊辰戦争中は同盟軍の軍医となり、この頃は会津城内に野戦病院のような施設を開設して傷病兵の治療にあたっていた。会津陥落後、仙台で降伏している。

良順の実父佐藤泰然は天保十四（一八四三）年に病院と蘭医学塾を兼ねた佐倉順天堂を創設した人物である。この施設は現在の順天堂大学の前身にあたる。

余談だが泰然の長女つるは幕府奥医師林洞海に嫁いだ。二人の間にできた娘多津は榎本武揚に嫁いでいる。榎本は松本から見れば姪《めい》の夫ということになる。医学者の血統といい蘭方医としての腕といい、松本良順が当時第一級の医師だったことは間違いない。

若松から只見までは約二十二里（八十八キロ）の道のりで早駕籠《かご》でも二日はかかる。記念館の資料は、松本良順一行は途中柳津あたりで一泊し、八月十日の夕方ごろ、只見の目明かし清吉宅に到着した、と推測している。河井が只見に到着して五日目の夕方ということになる。この時、河井がいた部屋には外山修造が同席していて二人の会話を間近で聞いていた。外山修造は後に今泉鐸次郎にこの夜のことを語っており、その内容が『河井継之助傳』に記されている。少し紹介してみたい。

「河井さんは大そう喜んで、一見旧知の如しという体で、すぐ話をしかけて上機嫌でした。松本氏も傷などはろくろく診もせず、戦争の話やら世間話やらして互いに愉快そうに見えました。松本氏は土産だと言って西洋料理風の肉のタタキを持って来られたが、河井さんは喜んでお食べになりました。松本さんが帰られた後で河井さんは『久しぶりで豪傑の顔を見た』とおっしゃりました。松本氏は帰られる際に『上手《うま》い医者が幾人もいるから、会津へやって来たまえ。会津の壮士も君の来るのを待っているから』と言われた」と二人の表情が目に浮かぶほどいきいきとこの時の様子を伝えている。

河井の傷は負ってから既に十四日もたっており、松本は傷口を診て膿毒症《のうどく》を疑った。蘭方医らしく切断の必要性を認識したが、設備のないこの地ではいかんともし難く、包帯の巻き直しのみを行い、後の処置を長岡藩の藩医二人に指示した。その日は只見に一泊し翌十一日に若松城へ戻っていった。

頑として只見を動こうとしなかった河井が松本良順と会った翌々日の八月十二日、七日間世話になった清吉の家を後にした。若松城へ向かったのだ。このあたりに揺れる河井の心情が見てとれる。

河井は長岡で、峠で、そして只見で己の死と向き合い、そのたびに死への思いを強くしていった。戦に敗れ城を失った責任を取らねばならない。その取り方に河井は悩んでいたのだろう。特に丹羽族の自害は自分の境遇と多くを重ね合わせたに違いない。武士の一分をどこで立てるか、河井にとっては、傷の痛みに苦しみながら命を縮めていくことが死んだ者への供養、敗戦のけじめと考えていたのかもしれない。忠恭の度重なる命令にも従わず、自殺同然に傷を放置し続けたのは、河井なりの覚悟の表し方だったようにも思う。

ところが、松本良順という医師に出会ったことで死への思いが少しだけ和らいだ。まだこの世で何か役目を果たせるのではないか。松本良順ほどの人物をこんな腰抜け侍のもとへわざわざ送ってよこしたのだ、あるいはまだ何か期待されているのかもしれない。そういう気持ちが河井を動かしたのだと思う。

只見を出て間もなく、塩沢村の休憩所になっていた矢沢宗益という医師の家で容体が悪くなった。

矢沢宗益の家には五月に牧野忠恭も休息している。城が落ち長岡から会津へ向かう途中に立ち寄ったのだろう。記念館の資料によれば「大殿様は矢沢新角方、若殿は岩淵清四郎方、奥方御女中方は五十嵐忠道方に御休憩」と忠恭が矢沢新角の家で休んだことを紹介している。当時宗益は年配者で、長男は病弱、長男の子は兵に出ており、宗益の次男新角が矢沢家を取り仕切っていたのだろう、と記念館は推測している。

八月十二日から十四日までの河井の様子については植田十兵衛の「邑従日記」に記録がある。「継之助殿、十二日塩沢駅まで参られ止宿。翌十三日朝五時前より少々ふさぎ気味にて、熱が出てうわ言ばかりだった。夕方になって小水があり、二回ほど通じがあって追々快方となる。十四日朝は特に別条もなかったが、体力の衰えが増して、若松まで参られ候もむつかしく」とある。

植田十兵衛の日記は河井が弱ってゆく様子をよく伝えていると思う。他人から見てこれほど衰えようが分かるのだから、まして本人は自分の死期が近いことを察したに違いない。

十五日夜、河井は松蔵を枕元に呼び「長々厄介してくりゃって、ありがたかったでや」と礼を述べ、死後は火葬にするよう命じた。また今夜のうちに棺桶《かんおけ》と骨箱を作るよう指図し、松蔵が泣きながら首を振ると「用意しろと言ったら用意せよ」と強い口調で叱ったという。松蔵は仕方なく主の言うことに従い夜を徹して棺桶一つと骨箱二つを作った。骨箱の一つには土を入れた。途中官軍に咎《とが》められたときのダミーにするためだったが、松蔵はこの土の入った方を会津の寺に埋葬し、河井の遺骨が入った骨箱は松の木の根元に埋めて隠し、数年後に長岡へ持ち帰った。松蔵は河井の遺骨と名誉の両方を最後まで守り通したのだ。

十六日の朝、河井は準備が整ったのを見てずいぶん喜んだという。しばらくの間、付き添いの者と談笑し、午後になってひと眠りするからと人を遠ざけ眠りについた。しばらくして昏睡《こんすい》状態に陥り、そのまま目を覚ますことなく午後八時ごろ息をひきとった。享年四十二。只見に入ってから十二日目のことだった。

河井の遺体は翌十七日に塩沢川と只見川の合流地点にあたる通称「ざる岩」と呼ばれる河原で、村人が集めた流木により茶毘《だび》に付された。残った遺灰は丁寧に集められ近くの医王寺の墓所に埋葬された。河井の墓は現在も手厚く供養されており、毎年の命日には墓前祭が行われている。

継之助の従者松蔵の墓（長岡市深沢町願誓寺）

只見川

この年の猛暑に加え、温暖化による長い晩夏は私の体をすっかり軟弱にしていた。ほんの少し日が隠れただけで、ほんの少し風が北寄りに変わっただけで、細く冷たい雨が降っただけでもう私の体は震えを起こしていた。百五十年前、河井が感じていた寒さはこんなものではなかったはずだ。肉体的にも精神的にも凍えるほどに震えていたと思う。

記念館の敷地にある「司馬遼太郎が眺めた場所」の手前に立った。紅葉のただ中にあるはずの重なり合う二つの山が灰色の空と灰色の水面に挟まれ色あせて見えた。只見にやって来た長岡人もきっと同じような景色を眺めたに違いない。最初は晴れを逃したことを残念に思ったが、いつしか私にとって適度な寒さに心から感

河井継之助記念館（只見町）からの景観

謝した。何か分かったような気になったのだと思う。

河井をはじめ八十里越を歩いた長岡人がこの地で見た景色は、美しいが寒々とした山の景色だったと思う。維新の墓標の最後は、この記念館から望む景観である。それは四季を問わず、天気を問わず、寂しくも美しい。

最後に──只見線を願う

この場を借りて恐縮だが、最後に少しだけ述べさせてほしい。今、寸断されて全線運行ができなくなっている只見線についてである。

同盟軍は八十里越の山道を通って只見の地に入った。だが現在、残念ながら八十里越は街道も道路も寸断され通ること自体ができなくなっている。近年道路整備が進み、限定された期間に特別のバスだけが運行を許されているが、道路の整備が今後も続く保証はない。

私はこの日、国道三五二号を通って只見に入った。この道はかつて六十里越と呼ばれていた道とほぼ同じルートを通っている。田子倉湖を眼下に望む六十里越峠には田中角栄の「会越の窓開く」の石碑が立っている。田中は未整備だった六十里越の古道を政治力で現代の道に変えたのだ。今、この道が歴史の道になりつつあることを思うと、この政治家には何十年先を見据えた思想があったのだと改めて思う。その田中が同じルートで戦前の軍部ですらなし得なかった鉄道を貫通させた。それが只見線である。

この鉄道は明治以来、新潟、福島の双方で少しずつ敷設はされてきたが県境をまたいでつなぐまでには至っていなかった。その経緯については長くなるので省く。戦前、木材の調達という観点から軍部がこの地域に目をつけた。鉄道の整備も行ったがやはり貫通までには至らなかった。戦後、田中は電源開発を名目にさまざまな困難を乗り越えこの鉄道を遂に全線開通させた。昭和四十六（一九七一）年八月のことである。

平成二十三（二〇一一）年七月二十八日から三十日にかけて東日本を横切るように前線が停滞し、特に新潟から福島にかけては集中豪雨になった。「平成二三年七月末新潟・福島豪雨」だ。只見線の只見駅付近では一日の総雨量が四三〇ミリにも達した。この豪雨で第六および第七只見川橋梁が完全に流失し、第五只見川橋梁が一部流失した。橋は鉄道の採算性の問題も絡んでいまだ復旧されていない。只見線は現在、只見と会津川口の間が不通となり、小出―只見間、若松―川口間でそれぞれ折り返し運転をしている。地元住民はもとより多くの鉄道ファンが一日も早い橋梁復旧と全線開通を望んでいるが、予算の関係から復旧のめどはまったくたっていない。

その只見町塩沢にある河井継之助記念館は、河井が最後の五日間をすごした矢沢家のその部屋を「終えんの間」として当時のまま保存している。

矢沢家はもともと現在の記念館から見て既に只見川の底になっている場所にあった。昭和三十九年、滝ダムの建設に伴い矢沢家は水没することになり、河井終焉《しゅうえん》の間だけが切り離され山腹に移築された。最初の記念館はその移築された建物の隣に建てられた。だが長年風雨にさらされた古民家の傷みは激しく、平成五年に記念館が新築されるのを機に、河井終焉の間も館内に移築されることになった。

　こうした経緯を知ると、よくぞ残ったものだと改めて思う。先人たちの機転と工夫に感謝するばかりだ。恐らく都市部でよく見られる採算性優先、産業重視の合理主義が強く介入したなら、少なくともこの終焉の間は実物の復原ではなく、かつてあった部屋の復元になっていたと思う。残念ながら多くの文化財で復原ではなく復元の方が目立つ。文化の薫りは採算が取れて初めて嗅げるのだと言われているようで愉快な気はしない。採算は時間の経過がもたらすことがいくらでもある。例えば新潟市の堀などはまさにそういうものだったろう。壊してしまえばもう元には戻らないのだ。

　六十里越の道は商業的にも観光の対象になり得る歴史の多く詰まった古道である。山道を切り開いて造られた道路と鉄道は景観の観点からも工夫次第で多くのお客を呼べるはずだ。河井ら同盟軍が会津へ逃れた八十里越は現在鉄道はおろか道路すら通っていないので、それがどういう道で、どういう景観なのか想像でしか分からない。その想像を辛うじて現実として見せてくれるのが六十里越なのだ。

　例えば高田から長岡までの戊辰戦争の跡をたどり、小出から只見線に乗って六十里越の旅をキハで楽しみ、会津で温泉に漬かる。翌日、会津観光から磐越西線で津川へ、津川から水原、新発田、村上を旅するのもいいではないか。北越戊辰戦争を追体験するツアーだ。

写真家の一城楓汰氏は著書『只見線　敷設の歴史』の中で只見線の抱える問題の深さを指摘し、その問題にも意味があるので「元のようには戻しても意味がない」とし「過去の歴史を振り返り、その上で、この先どのような思いを込めて鉄道資産を守っていくのかを考える必要があろう」と述べている。

文化遺産は残そうと思わなければ絶対に残らない。そこには将来を見据えたプランが必要になる。富岡製糸場などはその良い例だと思う。

京都に今も残る寺の中には、元は貴族や武士の邸宅だった建物を寺として再建したものも少なくない。秀吉の聚楽第を移築した西本願寺飛雲閣や大徳寺唐門などはその代表例だろう。

只見線は多くの先人たちがさまざまな困難を乗り越え、少しずつ敷設され、最後は希代の政治家が全線開通させた。そういう特異な歴史を持つ鉄道である。流されてしまった橋を復旧し、再び全線開通させてその先に何があるのか。文化遺産と採算と商業をどう両立させるのか。検討しなければならない課題は多い。しかしこの鉄道は、それを解決できるだけの魅力を多く含んでいる。今後、大勢の人々がこの鉄道についての議論に参加し、さまざまな意見を出し合い、できるだけ早い時期に全線復旧できることを願ってやまない。

ＪＲ只見線は皆様のおかげをもちまして平成二十八年十二月に只見線復興推進会議検討会において全線復旧の方針が打ち出されました。

この項はその直前、同年十一月に執筆したものです。書き直しをしようとも思いましたが、オリジナルの文章には只見線復旧への篤《あつ》い思いが込められており、また今後の運営の困難さも思い合わせると、只見線が置かれた状況はまだまだ前途多難と言わざるを得ません。

この項で述べたかった趣旨は復旧のめどがたった現在もさほど変わっていないと考え、何も加えず何も減らさずオリジナルのまま掲載させていただくことにいたしました。読者の皆様にはなにとぞご容赦のうえお読みいただきたくお願い申し上げる次第です。

維新の墓標　関係簡易年表

年	越後関係	全国
1858（安政5）		4．井伊直弼大老に就任 6．日米修好通商条約を結ぶ 同月．水戸斉昭ら押し掛け登城 9．安政の大獄始まる
59（安政6）		8．水戸斉昭　永蟄居 10．橋本左内、吉田松陰ら刑死 この年外国人の古金の売買が盛んになる （100万両流出）
60（安政7・万延元）	村松藩　2月ごろから古金の売買が盛んになる 7．村松藩主堀直休　急死 9．村松藩前藩主直央　急死 10．村松藩、直賀藩主に就任 12．村松藩改革派、門閥派に敗れる	3．桜田門外の変（井伊直弼死去） 8．水戸斉昭死去
62（文久2）	9．村松藩「公議御変革」に合わせて改革開始	1．坂下門外の変 2．将軍家茂、和宮と婚儀 4．寺田屋事件

		8．生麦事件 同月．松平容保京都守護職 同月．幕府参勤交代制を緩和
63 （文久3）		4．幕府、攘夷期限を5月10日と上奏 5．長州、下関航行の外国船を砲撃 6．高杉晋作ら奇兵隊を編成 7．薩英戦争 8．文久3年8月18日の政変 10．天誅組挙兵（生野の変）
64 （文久4・元治元）	4．村松藩　佐々耕庵ら京へ出発 秋　村松藩正義党が一致して活動開始	3．水戸天狗党、筑波山で挙兵 6．池田屋事件 7．禁門の変 8．第1次長州征伐 同月．下関戦争 11．水戸天狗党囲みを破って信州へ 12．長州、高杉晋作挙兵 同月．水戸天狗党、越前で降伏

65（元治2・慶応元）	10. 村松藩正義党への弾圧始まる	5. 幕府、第2次長州征伐発令
66（慶応2）	11. 村松藩正義党50人らを投獄	1. 薩長同盟成立 6. 第2次長州征伐開戦 7. 将軍家茂没 8. 幕府、征長軍解兵令→10月完了 12. 15代将軍に慶喜就任　孝明帝崩御
67（慶応3）	5. 村松藩正義党7人、切腹・斬首 9. 会津藩を中心に越後9藩が鳥清で会談	10. 討幕の密勅　大政奉還 11. 坂本竜馬ら暗殺 12. 王政復古の大号令 この年「ええじゃないか」が広がる 12. 庄内藩ら　薩摩藩邸を焼き打ち
68（慶応4・明治元） 1月	10日. 新発田藩　窪田平兵衛　久我中納言より兵を上京させるよう口達を受ける （※以下の数字は日付となる）	3日. 鳥羽伏見の戦い 6. 徳川慶喜　大坂を脱し江戸に戻る

2月	3. 会津藩を中心に5藩が酒屋で会談 22〜27. 新発田藩兵　京へ到着	
3月	24. 水戸市川勢　津川に到着 29. 市川勢　水原代官所に入る	10. 水戸市川勢　水戸を脱出 16. 桑名藩主松平定敬　船で江戸を出て越後柏崎へ向かう 18. 奥羽鎮撫総督以下500人余　仙台藩寒風沢に上陸 27. 仙台軍、米沢軍　会津軍と形ばかりの戦をする
4月	1. 衝鋒隊　新潟に入る 8. 市川勢　新潟に入る 9. 衝鋒隊　新潟を出発 17. 衝鋒隊　高田藩要人と会談 19. 衝鋒隊　新井に宿営 22. 衝鋒隊　飯山藩を遠運動と称して占領 25. 衝鋒隊　飯山藩を追われ新井に戻る	11. 江戸城開城 12. 仙台藩主と米沢藩主と会談　会津救済を申し合わせる

4月	26．高田藩　衝鋒隊を攻撃　同日、松代、尾張藩兵ら高田に入る	
閏4月	3．桑名藩家老　吉村権左衛門　斬られる 6．市川勢　寺泊、出雲崎に入る 8．高田藩　岩村精一郎に官軍の先鋒を誓う 12．立見鑑三郎ら桑名主戦派　柏崎に入る 19．山県狂介、黒田了介　高田に入る 21．新政府軍　海道軍と山道軍に分かれて高田を出発 24．三国峠　大般若坂で山道軍（高崎駐屯軍）と会津軍が戦闘　会津軍撤退 26．小千谷芋坂、雪峠で山道軍と会津軍が戦闘　会津軍撤退 27．山道軍　小出嶋と四日町で会津軍と戦闘　会津軍撤退 同日．海道軍　鯨波で桑名軍と戦闘（鯨波の戦い）桑名軍　妙法寺方面に撤退 30日～5月2日のあたり海道軍の本営が高田から柏崎に移される	20．仙台藩士　世良修蔵を襲い斬首 同日．会津軍　白河城を占領 25．新政府軍　白河城攻撃を開始

<table>
<tr>
<td>5月</td>
<td>1．長岡藩　花輪求馬　小千谷の山道軍本営を訪ね藩家老河井継之助の訪問を申し込み許可を受ける
同日．同盟軍　脇野町に集結し片貝方面に向け移動を始める　３日には片貝に集結
2．片貝で同盟軍と山道軍が小競り合い
同日．慈眼寺会談決裂
3．同盟軍と新政府軍　鴻巣、山屋で戦闘
同日．新政府軍　榎峠を占領
同日．市川勢　椎谷で戦闘
4．奥羽列藩同盟に長岡藩加盟
6．奥羽列藩同盟に越後６藩が加わり奥羽越列藩同盟成立
10．同盟軍　浦柄、榎峠を攻撃　榎峠を奪還
11．新政府軍　浦柄を捨て小千谷方面に撤退
13．新政府軍　朝日山を攻撃　時山直八（長州）戦死
14．市川勢　灰爪、市の坪で戦闘
同日．村松藩　同盟軍に参加
15．市川勢　出雲崎を捨て寺泊、弥彦に後退
19未明．新政府軍　長岡城を急襲　長岡城落城
同日．米沢軍　村松に到着
21．庄内軍　三根山藩に入る</td>
<td>1．新政府軍　白河城を落城
3．奥羽列藩同盟調印
11．庄内軍　鶴岡をたつ
15．江戸上野で彰義隊壊滅</td>
</tr>
</table>

5月	22. 加茂軍議 24. 杉沢村（見附）で戦闘 26. 人面、文納（栃尾）で戦闘 30. 桑名軍　与板で戦闘　以後膠着状態	24. 徳川宗家の駿河・遠江70万石の減封が決定
6月	1. 同盟軍　今町（見附）で戦闘開始 赤坂峠（下田）で戦闘 2. 同盟軍　今町を制圧 6. 米沢藩を中心とした同盟軍　新発田藩に対し兵を出すよう詰問状を突きつけ、新発田城を囲む 8. 森立峠（長岡）で戦闘 11. 新発田藩　200人を派兵する 14. 川辺、大黒（長岡）で戦闘 21. 福島、大黒、亀崎（長岡）で戦闘	
7月	11. 新政府軍　会議所を長岡城に移す 17. 河井継之助　栃尾で長岡城奪還作戦を打ち明ける 25. 長岡軍　八丁沖を渡って長岡城を奪還 同日. 河井継之助負傷	16. 三春藩　奥羽越列藩同盟を離脱

8月

同日．新政府軍の海上機動部隊　太夫浜に上陸
同日．新発田藩　同盟軍を離脱
同日．庄内藩家老　石原倉右衛門　松ケ崎で新政府軍と遭遇し死亡
29．新政府軍　長岡城から今町、見附まで一気に奪還（意外の奇勝）
同日．同盟軍　八十里越で会津へ撤退開始
同日．新潟陥落　米沢藩　色部長門ら戦死

1．村松藩　今後の方針を協議、米沢へ移動→14日米沢へ到着
同日．新政府軍と会津軍　赤坂山（阿賀野市）で戦闘
2．新政府軍　三条を占領
4．新政府軍　加茂を占領
同日．村松城落城
5．村松藩正義連　新藩主を擁して新政府に降伏
10．黒川口（胎内市）の戦い始まる
11．村上藩家老　鳥居三十郎ら　村上城に火を放ち城下を脱出
14．新政府軍　角石原（新発田市）で会津軍と戦闘

29．新政府軍　二本松藩を急襲　落城

15．徳川家達　駿府に移る

8月	16. 新政府軍総督　壬生基修　新発田城入城 同日. 河井継之助　塩沢（只見町）で死去 26. 新政府軍と同盟軍　堀切峠、中ノ峰（村上市）で戦闘 28. 岩石村（村上市）で戦闘	19. 榎本武揚　8艦の旧幕府艦隊を率いて品川を出航（榎本脱走艦隊） 21. 新政府軍　母成峠の戦いで勝利 23. 新政府軍　若松城下に突入 29. 米沢藩　降伏申し入れ
9月	1. 鼠喰岩（鼠ケ関）で戦闘開始 11. 雷峠（村上市）で戦闘開始	8　明治と改元 16. 庄内軍　秋田軍を撃退　庄内藩　酒井玄蕃　撤退開始 22. 会津藩　降伏 　　庄内藩　降伏 23. 仙台藩　降伏

維新の墓標　県内遺跡

新　井（妙高市）

新井別院　衝鋒隊の宿泊場所　同市下町

高　田（上越市）

高田城　越後最初の新政府軍の本営　同市本城町

川浦陣屋跡　衝鋒隊が退こうとした場所　同市三和区川浦

新政府軍・会所　極楽寺（現在は樹徳寺）同市寺町（高田駅裏）

同・病院　来迎寺　同市寺町（高田駅裏）

会津墓地　高田藩預かりになって病死した会津藩士68人の墓　同市大貫（金谷山）

官軍墓地　同市大貫（金谷山）

柏　崎（柏崎市）

桑名藩士戦没墓（死者28人の墓）・桑名藩士の碑　勝願寺　同市大久保

柏崎陣屋跡　同市大久保

新政府軍本陣跡・加賀藩士戦死者の墓・吉村権左衛門の墓　妙行寺　同市西本町

加賀藩士戦死者の墓　聞光寺　同市西本町
戊辰戦争戦病死者の墓　長州、岩国、芸州、土佐などの新政府軍50人の墓（20歳代が多い）　同市学校町（柏崎小学校西側）
同盟軍司令部　御野立公園、鬼穴岩　同市鯨波
駒木根元一（桑名藩士）の墓　同市鯨波（東ノ輪海岸の丘の上）
長蔵の墓　長蔵（金沢藩役夫＝越中新川郡東水橋村百姓＝4月27日鯨波で戦死、享年49）　龍泉寺　同市鯨波

西　山（柏崎市）
三宅厚の墓　三宅厚（桑名藩雷神隊二百石、馬廻役。鯨波で負傷、5月1日死亡、享年17＝22？＝）　超願寺
同市西山町妙法寺
椎谷陣屋跡　椎谷藩陣屋、新政府軍と同盟軍の攻防戦の舞台　同市椎谷
市川勢の供養塔・男女四体の供養塚（三体に刀傷あり）　同市西山町灰爪
市川勢の埋葬塚　5月14日の灰爪・市の坪での戦いで亡くなった60人余りの集合墓　同市西山町灰爪（丘の上）

出雲崎（出雲崎町）
出雲崎代官所跡　同町尼瀬
富山弥兵衛の碑（薩摩の間者）　教念寺　同町吉水

三国峠

町野久吉の墓　群馬県利根郡みなかみ町永井（三国街道永井宿）

小　出（魚沼市）

会津藩小出嶋陣屋跡　同市諏訪町

会津藩戦死者墓碑　望月武四郎ら10人の墓　同市諏訪町（小出嶋陣屋跡）

戊辰戦死者墓（大塚墓地）　同市大塚新田

会津藩烈士の碑　諏訪神社　同市四日町（平成8年町制施行百年の記念に建立）

小千谷・片貝（小千谷市）

小千谷陣屋跡　小千谷市本町（介護老人保健施設・水仙の家）

雪峠明治戊辰緒戦激闘之地の碑　同市池ケ原（小千谷十日町津南線沿い）

慈眼寺　同市平成

戊辰戦役官軍殉難者墓碑　199基の墓と時山直八の碑　同市船岡（船岡公園）

朝日山殉難者墓碑　22基の石碑と新国英之助の墓標　浦柄神社　同市浦柄

片貝山屋町の墓碑（5月3日　須貝佐蔵24・斉藤清左衛門28・熊沢平助26）　同市片貝山屋町（長岡片貝小千谷線沿いの民家前）

同盟軍本陣・新政府軍尾張藩士の墓　菊治（尾張藩士　5月3日　鴻巣で戦死　享年26）、佐光次郎（同53）、佐

藤九郎三郎（同36）、本田又蔵（同39）、三尾文十郎（同26）、三宅清十郎（同39）　浄照寺　同市片貝町

長　岡（長岡市）

榎峠古戦場パーク　同市妙見
長岡城址　同市大手通1（長岡市役所）
長岡藩本陣の碑　光福寺　同市摂田屋
伊東道右衛門の碑　同市蔵王
河井継之助の墓　栄涼寺　同市神田
二見虎三郎の墓　二見は軍目付、会津で死亡　栄涼寺　同市神田
新政府軍上陸の地の碑　同市中島
鬼頭熊次郎の碑・長岡藩戦没者の碑・長岡藩士中川文蔵戦死地碑　日光神社　同市富島町
松蔵の墓　願照寺　同市深沢

見附・今町（見附市）

薩摩藩士　小川三六の墓　5月26日、小栗山で戦死　称名寺　同市新町
官軍本陣跡・弾痕石碑（薬師如来）永閑寺　同市今町
小栗山古戦場跡地碑　坂井神明神社（小栗山不動院）同市今町

栃　尾（長岡市）

戊辰戦争戦死者墓　米沢藩・神田五郎次、仙台藩・平渡清太夫（17）、吾妻敬三良、和歌山条之助、鈴木昌之助、鈴木惣兵衛、八木友吉（黒澤隊隊長）　善昌寺　同市栃尾原町

　善昌寺には仙台藩の黒澤楽兵隊が宿営。7月24日、八丁沖渡渉の陽動作戦で土ケ谷の西軍陣地を攻撃。仙台藩は八木をはじめ軍監2人、隊員3人、米沢藩士1人が戦死。

会津藩士の墓　徳力金吾・第二遊撃隊・相沢隊（21）・7月1日・荷頃で戦死。雪下辰治・第二遊撃隊・井深隊（19）・7月1日・荷頃で戦死。成田悌次郎・第二遊撃隊・井深隊（20）・6月25日・半蔵金で戦死。風間太五右衛門・長岡藩士・福島村で戦死・成田の隣に立つ、成田とは友人か。　西厳寺　同市谷内（秋葉公園）

五泉　村松（五泉市）

村松城跡　同市村松乙

村松七士の碑　住吉神社　同市村松甲

佐取古戦場の碑・戊辰殉難追悼碑　同市佐取（JR咲花駅前）赤坂山の戦いと関係

白虎隊士・星勇八の碑（白虎寄合二番隊、8月10日戦死、享年16）長徳寺　同市佐取

加　茂（加茂市）

桑名藩本陣　大昌寺　同市松坂町（現在は一切が非公開）

飯田重孝・朱雀士中四番隊（佐川隊）・6月2日今町で戦死・享年21。土屋敬治・朱雀士中四番隊・6月10日

負傷後加茂で死去・享年22。山本常治・青龍士中三番隊（木本隊）・6月23日加茂で死去・享年40。広沢庄助・青龍士中三番隊・6月3日長岡で負傷後加茂で死去・享年45。広田勝武・青龍士中三番隊・6月22日福井で戦死・享年43。川村善左衛門・桑名藩致人隊・銃士・5月11日妙見で負傷20日死亡・享年42。大崎豊左衛門・長岡藩銃卒・5月24日杉沢で戦死。藩籍不明十一名の墓碑群

下　田（三条市）

赤坂古戦場の碑　村松藩戦死者（奥畑傳兵衛、青木剛八、船山石平、渡邉延平、内藤傳太郎、皆川亀治、金子喜兵衛）　同市駒込

寺　泊（長岡市）

佐藤図書の墓　法福寺　同市寺泊二ノ関

桑名藩士の墓　常禅寺　同市寺泊軽井

新　潟（新潟市）

会津藩酒屋陣屋跡　同市江南区酒屋

荻島古戦場の碑　同市秋葉区荻島1丁目（大島橋のたもと）

明治戊辰西郷隆盛宿営地の碑　同市北区松浜

南弥阿無陀仏の碑・殉難遺跡の碑（庄内藩家老・石原倉右衛門の墓碑）　同市北区松浜

戊辰の役　祈念の碑　同市東区はなみずきさくら公園　7月の戦争で戦死した米沢藩士をひそかに埋葬し「官軍塚」と偽って守ってきた

志士之霊（米沢藩士七人の慰霊碑）　瑞林寺　同市西区小針　昭和9年小針の旧家渡部家によって建立

色部長門の碑　同市中央区関屋・戊辰公園（新潟高校前）

戊辰の役・米沢藩戦死四士の墓　念仏寺　同市中央区関屋

官軍戦没者の墓　新潟縣護国神社　同市中央区西船見町

殉節之碑　新潟大神宮　同市中央区西大畑　明治23年に新潟に残った会津藩士が資金を出し合って建立

新発田（新発田市）

角石原戦跡の碑　同市中々山２６１（県道14号線沿い）

会藩戦死碑　同市上赤谷

戊辰役殉難者の碑　樋口又右衛門・慶応4年7月29・享年36。阿部豊之助・藤吉の長男・農兵。星悦之助・与右エ門の長男・農兵・従者。神田源左エ門・農兵・従者。神田万蔵・清三郎の次男・農兵・従者。　大慶寺　同市滝谷

水原・安田（阿賀野市）

佐瀬重威の碑（佐瀬長八・八太夫の倅「二四日死十九才」・第二遊撃隊／井深隊・慶応4年5月23日越後妙見で戦死）　長楽寺　同市（旧水原）北本町4―41（水原代官の墓群の中）

水原代官所跡　会津藩預かり地　攻防戦の舞台となった　同市（旧水原）外城町
赤坂山古戦場　8月1日に戦闘　同市（旧安田）赤坂

津　川（阿賀町）

白虎隊士　藤森八太郎の碑（白虎寄合一番隊・8月25日戦死・享年16）新善光寺　同町津川
村井藤造の碑（8月25日・津川小野戸で戦死）正法寺　同町津川
高崎駒之助戦死の地（白虎寄合一番隊・8月24日被弾・享年17）同町八木山

黒　川（胎内市）

米沢さま・千人塚・百人塚・焼け残りの大欅《けやき》　同市坪穴・須巻・小長谷・夏井　米沢軍の戦いの跡が多く残る地域

岩　船（村上市・関川村）

鳥居三十郎の墓　寶（宝）光寺　村上市羽黒町
村上藩士殉難の碑・鳥居三十郎の碑　藤基《ふじもと》神社　同市長井町
大栗峯右衛門の墓（城に火を放ったとされる人物の墓・享年60）光徳寺　同市羽黒口
無名戦士の墓　地元の農民に殺された会津藩士の墓と伝えられる　大雄寺　同市金屋（金屋の大イチョウの傍ら）
無名戦士の墓　弘長寺　関川村蛇喰《じゃばみ》

あとがき

江戸時代の、とりわけ天保や文化・文政の頃の武士は静かな生活を送っていたのだと思う。藩や幕府といった限られた世界の中で、決められた範囲を守り、そこで見識を深め、技術を磨き、多くの知己を得て自らの立場を高めていったのだろう。父から譲られた家督をいかに減らさぬように嫡男につなぐか、それでも次はもっとよくなると信じ自己を磨く、そういう一生だったのだと思う。武士とは不要な諍《いさか》いを起こさぬよう、たとえ幼年からの友人でも一定の距離を保ち、あまり目立たぬよう生きていたのだ。背筋をすっと伸ばし凛として正座する侍の姿が目に浮かぶ。

同じ頃、百姓、特に組頭や百姓代といった農村組織の中間層の中に学問に秀でた者たちが多く現れた。彼らは代々にわたって蓄積された富を使い、ある者は江戸や京や大坂に出て学識を深め、ある者は御家人や旗本の養子に入って武士になった。

主に年貢で得た収入を分配することでしか収入の手段を持たない武士は大半が慢性的に貧しかった。富を蓄積してきた農民や商人はそういう武士たちの大事な資金源になった。家督を次代につなぐには金が要る。そのために代々支配してきた者たちに頭を下げた。武士の権威は昔通りとはいかなくなり農民たちは力を得てゆく。徳川幕府が政策としてつくり出した格差のシステムは平準化の方向に動きだしたのである。

静の対極に動がある。長い時間をかけてたまりにたまったマグマのように、動のエネルギーは攘夷という熱によって一気に噴出し静を砕き散らした。

かつて持っていたはずの権威が失われつつあると気付いた武士は時代の変化を感じ取り、秩序を変えようと思う者と守ろうと思う者とに分かれて戦いを始めた。幕末の闘争とはそもそもそういう構図だったのだと思う。

本来、世界は常に動いていて、新しい発明や斬新な思想がもたらす小さな変化は日常の中で日々消化され、それが変わっていることすら気付かないことが多い。しかし二百六十年にも及ぶ鎖国は龍宮城から持ち帰った玉手箱のようなものだった。

零戦しか知らないパイロットがいきなり現代のステルス戦闘機を見たらどう思うだろう。タイプライターで印刷技術が止まっている技術者が初めてパソコンとプリンターを見たときの驚きを想像できるだろうか。浦賀で、横浜で西欧の黒船を目の当たりにした日本人は二百六十年の時間を一気に消化しなくてはならなくなった。まさに玉手箱の蓋《ふた》が開いた瞬間だったのだ。

最近の進化論でよく耳にするのは、強い種族が生き延びたのではなく、たとえ弱くとも環境の変化に適応できたものが生き延びたのだ、という説だ。強いことは時に現状を力で押し切ろうとする誘惑にかられる。弱いからこそ変化を受け入れられたのだろう。

今、企業は業種を問わず多様化を迫られている。車の業界は今やロボット産業と一体化しているし、金融業界も再編の波が押し寄せてきている。一社本業という考え方に固執するのも分からぬわけでもないが、世間の流れに適応できない者はいずれ孤立するほかなくなる。京都の職人がよく口にする「伝統を守りながら新しい物を作る、そうでないと伝統も滅びてしまう」という言葉はまさにそういうことなのだと思う。

薩長が変化を受け入れた集団だとは思っていない。だが変化をうまく利用した集団だったとは思っている。これに対し会津は明確に変化を拒んだ集団だった。徳川慶喜はこのかたくなさに戸惑い最後は距離を置いたのだろう。

会津はかつて一方の権力の雄で、長州から見ればいわば加害者だった。その加害者が政治闘争で敗れ京を追われ、奥羽越の諸藩から見て被害者になった。当の会津は何も変わっていないのに見るものによって色が変わる。庄内も長岡も米沢も少なくとも会津よりはずっと変化を受け入れたはずなのに、薩長より会津に味方する道を選んだ。それは武士の一分がそうさせたのだと思う。武士の清貧な姿勢と新しい文化の大衆性や合理性の間にどうしても相いれない部分があったのだろう。多勢が無勢を圧倒して征圧する。およそ精神性とは懸け離れた戦いの有り様に強い抵抗を覚え、特に会津はかたくなにこれを拒んだ。東北の武士はそこに共感を覚え、自らを奮い立たせたのかもしれない。自藩では変化を受け入れながらも会津に肩入れし、その割に戦争の間中、会津への不満を隠さなかった。時代の流れに乗ることが武士でなくなるような、東北諸藩の指導者たちにはそんな戸惑いがあったように思える。

日本が西欧列強による分断のリスクを抱えながらも、二つの勢力に分かれて戦った戊辰戦争。その終結からもう百五十年の時が流れようとしている。思想も構図もぼやけて何一つはっきりしない戦争だったが、この後には強烈な中央集権国家が建設された。日本は個人より国家という単位で世界と向き合っていくことになる。

国の有り様が変わる戦で多くの人間が亡くなった。その屍《しかばね》の碑を主に同盟軍の側から探ってきた。勝った側と負けた側、百五十年たった今もその扱いの本質はあまり変わっていないように思える。長州、薩摩出身の政治家が会津の市街地で普通に演説し、それでも票を減らさない日が一日も早く訪れることを願ってやまない。

それを実現するためには薩長も会津も共に会話を重ね、多様性を認め合う努力を始めなければならない。わだかまりを捨て握手をしようなどと言っているのではない。捨てることはできなくても乗り越えることはできるだろうと提案しているのだ。それは日本が本当の意味で一つになれるかどうかの、その入り口に立つ試金石なのである。

渡辺《わたなべ》　れい

本名・渡邊　豊。一九六一年、新潟市に生まれる。

新潟南高校、京都花園大学文学部史学科卒。

「あがり屋」で第九回にいがた市民文学・文学賞（二〇〇六）、「峠」で第二十回新潟日報文学賞・正賞（二〇〇六）、「月と番傘」で第十回にいがた市民文学・文学賞を受賞。著書『武者たちの黄昏』『最後の決断』

（新潟日報事業社）

現在北越銀行勤務

維新《いしん》の墓標《ぼひょう》

平成30（2018）年3月4日　初版第1刷発行

著　者　渡辺　れい
発行者　鈴木　聖二
発行所　新潟日報事業社
〒950-8546
新潟市中央区万代3-1-1 メディアシップ14階
TEL 025-383-8020　FAX 025-383-8028
http://www.nnj-net.co.jp/

落丁・乱丁本は送料小社負担にてお取り替えします。

定価はカバーに表示してあります。


ISBN978-4-86132-677-6